The school of a real estate investment

知識ゼロでも大丈夫!
基礎から応用までを体系的に学べる!

不動産投資の学校

［入門編］

ファイナンシャルアカデミー
編著

「お金持ち大家さんになりたい!」と思ったら必ず読む本

ダイヤモンド社

はじめに

・毎日、通勤電車で会社に通っている
・物価は上がるが、給料はなかなか増えない
・将来、年金がいくらくらいもらえるか心配だ
・家族との時間をなかなか取ることができない

あなたは、毎日の生活を振り返って、このように感じることはありませんか？　実は、今から数年前のことです。私もこれらの不安に日々悩み続けていました。

当時の私は、東証１部上場企業に勤務という肩書きを持ちながらも、その実質と言えば、毎朝６時に起床して満員電車に揺られて７時半に出社し、終電で帰宅する生活を続けても、仕事に終わりは見えない状況でした。

その一方で勤務先ではリストラが続き、
・残業代はゼロ（すべてサービス残業）
・ボーナスは一律カット
・企業年金も一律カット
・希望退職制度の実施による人員削減
と、矢継ぎ早に労務費カットを進めていました。

人が減る一方で仕事は増え、給料は下がり続けるという悪循環の中で、少ない給料を使う時間すらないという状況に陥ってしまいました。ついに、当時結婚を考えていた婚約者と別れる寸前まで行ってしまいました。

「いつになったら、一息つくことが出来るのだろうか……」

希望の光が見えない生活の中で悩みながら、私は考えました。

- **どうすれば、働く時間を短くしつつも、収入を増やすことが出来るのだろうか？**
- **どうすれば、自分が楽しめる仕事だけを選ぶことが出来るのだろうか？**
- **自分が早起きして会社に行かなくても、変わらぬ収入を得たい**
- **自由な時間を創り出し、家族のためや、自分のために使いたい**

このような、「どだい無理」と諦めてしまうような目標を達成するためにはどんな手段があるのか、通勤電車に揺られながら様々な本を読んで「逃げ道」を探していた、というのが正直なところです。

そして、見つけました。

それは、

「自分自身のために収入を生み出してくれる『仕組み』を作れば良いのだ。それは、『不動産』に他ならない！」

ということです。

勤務先の厳しいリストラの実施、給与カットと労働時間増という悪循環の中から、私は意識して収入増を「仕組み化」していくことを考えました。

すなわち、朝から晩まで働かないと得られない「労働収入」ではなく、労働時間とは無関係に得られる「家賃収入（不労所得）」を増やすことに努めました。

その結果、仕事の時間を減らす一方で、副収入である家賃収入を増やすことに成功し、その収入と創出した時間をもって自分のスキルアップに努めた結果、かえって労働収入もアップするという好循環を実現することができたのです。

そうして今では、ファイナンシャル教育を全国に展開する日本ファイナンシャルアカデミーの「不動産投資の学校」の専任講師として教壇に立つかたわら、20 世帯を超える賃貸物件のオーナーとして年間 2000 万円の家賃収入を得ています。

かつてのサラリーマン時代の１／２以下の労働時間で、２倍以上の収入を得られるようになりました。

さらに生み出された時間を使って、家族と旅行に出かけたり、自分の趣味や読書に費やす時間も確保することが出来るようになりました。

「家賃収入」を作れば、誰でも自由な時間を持てる

「家賃収入」とは、「自分の労働時間とは無関係に、毎月、一定の収入を得続けられるシステム」です。この「家賃収入」には、「才能」や「生まれついてのＩＱの高さ」「学歴」「運動能力の高さ」「外見・容姿」などは、まったく関係ありません。

それよりも、あなたが学校を卒業してからどれだけ学んだかが重要となるのです。なぜなら、学校で教わることでサラリーマンとして働くことは出来ますが、家賃収入を得る方法について学校では何も教えてくれないからです。

「家賃収入」とは、ある決まった法則に基づいて淡々と実行すれば、誰でも獲得することが出来る定期収入に過ぎません。

ただそれについて、学びさえすればいいのです。

「家賃収入」を得ることのメリット

私の現在の生活は、すべて「家賃収入」を元に設計されていると言っても過言ではありません。家賃収入があるからこそ、

- **毎月一定の収入が期待できるため、給与収入の増減に怯えずに済む。**
- **そのため、大胆に（リスクを恐れず）本業に取り組むことができるため、かえって本業で成果を出しやすくなる。**
- **目に見えて収入が上がる一方で、労働時間が減るため、家族との時間が増える。**
- **そのため、家庭が円満になり、さらに本業に成果を出しやすくなる。**

という好循環を生み出すことが可能となります。

家賃収入がなく、「給料が下がったらどうしよう」「会社を休むなんてとんでもない」と毎月の収入に戦々恐々とし、怯えているような状況では、プライベートな生活でも心から楽しむことが出来ず、家族も安心して生活することが出来ないでしょう。

結果として、「もっと収入の良い仕事はないか」「転職したい」と余計なことに頭を使ってしまい、本業がおろそかになになり、ますます収入が不安定になる、という悪循環にはまってしまうのです。

それでは、具体的にどうすれば良いのでしょうか？　本書では、あなたの人生に好循環をもたらしてくれる「家賃収入の得かた、作り方」について、知識ゼロ・経験ゼロの方でも取り組みやすいよう、具体的に説明しています。

本書の目的は、

「あなたとあなたの家族を幸せにし、人生に好循環をもたらす『家賃収入の得かた』のノウハウを、今すぐ身に付けること」

なのです。

第１章では、**不動産投資のメリット**について説明しています。なぜ家賃収入が本業をサポートする安定収入になり得るかについて、解説しています。

第２章では、不動産投資に取り組む際に**気を付けなければならないリスク**について、８つ説明しています。

第３章では、不動産の善し悪しを見分ける「目利き力」を身に付けるために重要な、**利回り指標の計算方法**について解説しています。

第４章では、物件探しのキーポイントとなる「**物件検索、現地調査**」について説明します。不動産投資の成否は、この物件探しにかかっていると言っても過言ではありません。

第5章では、見つけ出した物件を自分の物とするための「**買付申込**」と「**融資申込**」について解説しています。

第6章では、物件を購入する際の**契約手続**について説明します。契約書の文面一つによって、物件の価格が上げ下げすることがあるため、慎重を要するポイントです。

第7章では、物件を購入した後に、**リフォームによってバリューアップする方法**を解説します。不動産投資は購入後にも自由に手直しすることが出来る特徴をもっており、これによって毎月の家賃収入をアップさせることが可能です。

最後に、第8章では日々の**物件管理**について説明します。物件管理に「システム」「仕組み」の概念を持ち込むことによって、ほとんど何もしなくても、毎月一定の家賃収入を手にすることが可能になります。

ぜひあなたも、私が実際に行ってきた本書のノウハウを使い、「家賃収入」をゲットし、その収入によって自分のやりたいことのために貴重な時間を使うようにしてください。
本書が、あなたとあなたの家族の幸せのための一助となりましたら幸いです。

不動産投資の学校　講師　東田光陽

不動産投資塾　目次

不動産投資を始めよう!

Paragraph-1

不動産投資はこんな人におすすめ!

不動産投資をする目的は人それぞれですが、基本は「本業以外の安定した収入を手に入れて、今より豊かな暮らしがしたい」というものでしょう。それでは、不動産投資に対する向き不向きはあるのでしょうか。本書では不動産投資には次のような人がお勧めであると考えています。

仕事が忙しくて、副業に費やす時間がない人

本業があってフルタイムで働いており、そちらから定期収入を得ている人に向いています。投資のために時間を割けない人にとって不動産投資は最適です。なぜならば、不動産は取得してしまえば、後はほとんど手間がかからないからです。

そういう意味ではサラリーマンにはうってつけと言えます。最近はサラリーマンが株やFX（外国為替証拠金取引）などで資産運用することも当たり前になってきましたが、値動きが気になってケータイやスマホを頻繁にチェックしてしまうようでは本業に支障が出ます。投資した企業の決算発表もタイムリーに把握しておく必要があるでしょう。ところが不動産は基本はほったらかしでOKなので、普段は本業に専念できます。

サラリーマンの場合は銀行から融資を受ける際の審査基準となる「属性（＝個人評価）」という面でも有利です。不動産を利用して長期的な視野で資産を築いていきたいならば、本業も手を抜かず続けていくと効果的でしょう。

私設年金をつくりたい人

日本の年金制度に不安を抱えている人にとって不動産投資は選択肢の一つとなります。年金制度が今後どうなるか予想するのは難しいですが、10年後、20年後に現状より環境がよくなることはまずないでしょう。

自分の身は自分で守るしかありません。不動産を持っていれば万事OKというほど簡単なものではありませんが、何らかの手段で自分で年金をつくっておく必要があるのではないでしょうか。

コツコツと地道に収入を得たい人

この本で解説している不動産投資は、**毎月コツコツと家賃収入を得ていこう**というもの。**ミドルリスクでミドルリターンを狙う手法**です。リスクをとってでもハイリターンを狙いたいという方にはおすすめできません。また、不動産は金利や土地価格の変化など、緩やかな環境変化を見据えながらじっくりと計画を立てていく資産運用方法です。リスクをとっても短期的に大きく稼ぐことを狙いたいなら株やFXのほうがいいでしょう。

もちろん不動産投資でも、短期間での売買で多額の利益を上げることはできます。しかしそれはプロの手法です。素人であるサラリーマン大家さんはコツコツと地道にいきましょう。

自分で工夫するのが好きな人

物件の管理やリフォームなど、他人に任せられる部分はすべて任せてしまったほうが効率的というのが本書のスタンスです。

ただ、日曜大工やちょっとした部屋の修繕などDIYが好きな人にとっては、物件の手入れを自分で行うのも楽しみの一つとなるでしょう。本書でもそういった方法について触れていますので、興味のある方は参考にしてください。

目標を持っている人

「お金を増やしたい」と漠然と思っているよりも、「いつまでに」「何のために」「いくらくらい」と目標が明確になっている方が、目標達成への強い動機付けになりますし、目標までの道のりも具体的になります。最初から明確でなくても構いません。自分が将来どうなりたいのか、思い描いてみましょう。

また、不動産は長期的な資産形成に向いているので、その意味で計画的に目標を達成するのに適しています。

マイホームを持っている人、欲しい人

『金持ち父さん貧乏父さん』の著者ロバート・キヨサキ氏は、支出ばかりで収入につながらないマイホームを「資産ではなく負債である」と言いました。「住宅ローン破産」という言葉もあるように、住宅ローンでマイホームを持つことは多大なリスクを抱えることになります。そのリスクを分散するためにも、収入の柱として投資用物件を所有することが有効です。

また、マイホーム購入経験者であれば、ある程度の不動産知識を得ているので、不動産投資にも活用できるという強みがあります。住宅ローンが残っているのに、さらに投資用物件なんて買えないと思い込んでいる方もいますが、これは間違い。銀行にとって、**住宅ローンでマイホームを保有していること自体は、投資用物件の融資審査に悪影響を与えるとは限らない**からです。

これからマイホームを欲しい人にとっては、賃貸併用アパートを建ててしまい、そこに暮らしつつ賃貸経営するという裏技があります。一定の条件を満たせば、賃貸部分を含むアパート建築代金の全額に住宅ローンを当てはめることができ、投資用ローンに比べて有利な借入が可能です。

Paragraph-2

老後のマネープランを考えていますか？

一般的に人生における三大支出は「**マイホーム**」「**子供の教育費**」「**老後の資金**」と言われています。豊かな老後を送るのにお金は欠かせません。しかし、老後のマネープランをきちんと考えている人は、あまり多くないのではないでしょうか。

退職後にはいくら必要？

一般の人が得られる収入には、給与収入、年金収入などがありますが、リタイア後は当然ながら給与収入が途絶えます。年金収入に関しては、期待しないほうがいいのは言うまでもないでしょう。将来、受給額が目減りしていく可能性があります。

この状況に対して何も対策をとらずにリタイアの日を迎えてしまっては、安心してセカンドライフを送ることはできません。老後に備えて十分なお金を蓄えるか、もしくは年金以外の収入源を持つ必要があります。

総務省の「家計調査（平成23年）」（http://www.stat.go.jp/data/topics/topi544.htm）によると、高齢者の夫婦2人世帯の平均的な消費支出は22.7万円で、それに対して収入は18.8万円とあります。収入より支出が多く、毎月赤字が発生し、貯金を切り崩しながら生活せざるを得ない状況であることがわかります。

また、一般に引退する時点で最低でも**3000万円程度の貯蓄が必要**と言われています。それでもおそらくギリギリのラインであり、ゆとりある老後など望むべくもありません。

インフレも想定する必要がある

では、その3000万円を現役時代からコツコツと貯蓄しておけばいいのかというと、そうでもありません。怖いことに、この3000万円という試算は現在の価値であり、インフレを加味していないからです。今後、インフレによって物価が上がれば、同じ3000万円でもその価値は物価上昇率分だけ目減りしてしまいます。

昨今、原油価格は上がり続けています。これに合わせて紙製品や公共料金など、幅広い製品・サービスが値上げされはじめています。今後も生活コストが上がっていくことが予想されるなかで、相対的に価値が減る恐れのある現金や銀行預金で資産を持っておくことは大きなリスクと言えます。

一方、不動産投資はインフレに強いと言われています。物価上昇と同時に不動産価格や家賃の上昇、借金の目減りが期待できるからです。もちろん、どんな物件でもいいというわけではありません。魅力のないエリアや物件であればインフレなど関係なく価格は下がります。物件の選定（目利き）はどんな局面でも非常に重要です。

図1　インフレ率以上に運用しなければ目減りしてしまう

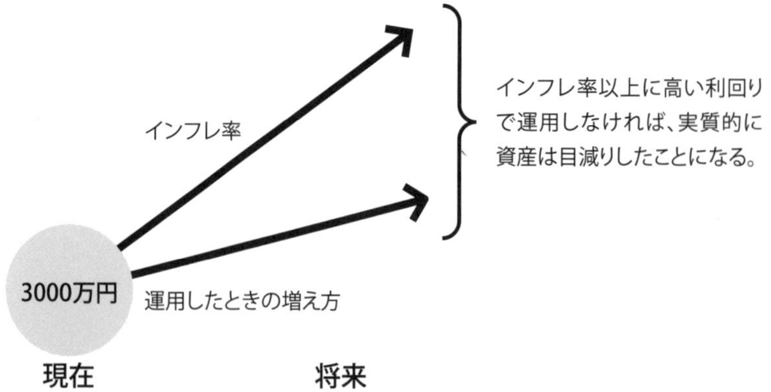

不動産投資は、他の定期収入商品と比べて高い利回り水準を期待できる

　老後に向けた資産運用といってもいろいろあります。若いうちならば株式などで大きなリターンを狙うのもいいでしょう。しかし、老後のこととなるとそうはいきません。堅実に収入を得られる安定的な運用方法を選びたいのが心情です。

　以下は定期的な収入を得られる主な金融商品と、各商品で１年間に得られるリターンです（2013年11月30日現在）。利回りはいずれも税引き前の数値です。

表1　主な金融商品の利回り

商品		利回り
普通預金	※みずほ銀行	0.02%
MRF	※野村証券	0.043%
大口定期預金（３年）	※みずほ銀行	0.03%
個人向け国債（変動10年）	※平成25年　第44回債	0.51%
グローバル・ソブリン・オープン毎月決算型（過去10年平均）	※過去10年間の騰落率（分配金込み）26.1%を10年で割り返して年利換算したもの	2.6%
J-REIT（不動産投資信託・全銘柄平均）		3.75%

　これに対し、不動産の利回りは一般的なもので10%程度。しかもそれは表面利回りであって、後述するROI*で計算すると30%以上になるという物件もあります。

　老後に向けて、収入源を補ってくれる「おサイフ」の一つとして、不動産を持っておくのは賢明な選択と言えます。

＊ ROI…Return On Investment（投資収益率）。投資した自己資金に対して得られる利益の割合。詳しくは第３章を参照のこと。

Paragraph-3

豊かで快適な人生を過ごすために、今から備えよう

不動産投資は長期間にわたってコツコツと家賃収入を得ていく投資手法です。当然ながら、時間がたくさんあればそれだけ収入を得られる期間は長くなります。どうせ始めるなら、早ければ早いほうがいいのは言うまでもないでしょう。

始めるのは早ければ早いほど有利

例えば、借入期間20年でローンを組むとします。購入時期が30歳の時なら、ローンの返済を終えるのは50歳。まだまだ働き盛りであり、さらにステップアップして高額な物件を買い足していくこともできます。ところが50歳から始めた場合、払い終えるのは70歳。ここからさらに買い増していくのは融資の面でも体力・気力の面でも少々難しいかもしれません。始めるなら若いうちが得です。また、これは投資全般に言えることですが、始めるのが早ければ早いほど複利効果も大きくなります。

ただ、年配の方だからといって不利というわけではありません。年配の方にはそれなりの収入や貯蓄、社会的地位、経験、知識、人脈などの強みがあります。それをフル活用すれば時間という制約をカバーできるでしょう。

ローン返済後に最もうま味がある

不動産投資で最もうま味があるのはローンを返済し終わった後です。毎月の返済がなくなるので、家賃収入から経費を引いた額がそのまま利益になります。この一番うま味のある期間を少しでも早く味わうのが得策でしょう。

金利が低ければ元本の減りが早い

2006年7月にゼロ金利政策が解除され、2012年からは「2年間で2％のインフレ」を目標とするアベノミクスが始まりましたが、日本の金利は世界的に見てもまだまだ低水準にあります。金利の低いうちに不動産を仕込んでおいたほうがさまざまな面で有利です。

金利が低い時期であれば、毎月同じ金額の返済をするのでも、借入可能額は増えます。例えば、3000万円の借入額に対し、金利が1.5％で返済期間が15年の場合、毎月の返済額は18.7万円、金利が3％ならば20.8万円で、約1割もの差があります。

また、毎月の返済額を同じとした場合、金利が低いとそれだけ返済額の中に占める元本分が多くなり、元本を早く返済することが可能です。金利が高いと元本がなかなか減らず、金利が上昇したときにさらに厳しい状況になります。

その時々の値動きを読む株式投資であれば、いつの時点で始めてもいいのかもしれません。しかし、**不動産には参入するのに適した時期があります**。金利や物価上昇率の低い今は、その時期にあると言えます。

人生の長期的なビジョンにつながる

もう一つ、早くスタートすることのメリットは、人生の長期的なビジョンを描けるということです。10年後、20年後の自分を漠然と思い描くことはあっても、具体的なシミュレーションをする人はあまりいません。不動産投資を始めれば、必然的に長期的なビジョンを描くことになります。

若いうちから始めれば、「40代で引退して悠々自適な生活」という思い切った夢を描くことも可能です。豊かで快適な人生を送るためにも、1年後に始めるのではなく、本書を読んだその直後から、不動産投資の第一歩を踏み出してください！

こんなにある、
不動産投資のメリット

Paragraph-1

不動産投資の魅力はここ!

～国債、株、投信、外貨預金など他の金融商品との比較

個人が利用できる資産運用の方法は多様化している。その一つである不動産投資にはさまざまなメリットがある。なかでも、レバレッジ（てこの原理）を生かしながらも安定感ある投資ができることは大きな特徴だ。

不動産投資のメリット

不動産投資の主なメリットには、次のようなものがあります。

- 少ない自己資金で多額の投資ができる（レバレッジ効果）。
- 安定的な利回りが得られる。
- 低労働の収入源である。
- 他の運用手段に比べて価格変動が緩やかである。
- 減価償却などにより節税効果がある。
- 場合によっては売却益が得られる。

こうして見ると非常に魅力的な運用手段のように思えますが、実際のところ他の金融商品と比べてどうなのでしょうか。

リスクが低く、高い利回りを期待できる

ネット証券や証券化商品の登場によって、投資手法は多様化しました。では、それらのさまざまな運用手段と比べると、不動産投資はどんな点が有利なのでしょうか。右ページに図にしてみましたのでご覧ください。

表2　不動産投資のメリットとデメリット

	期待利回りの安定性	税金のコントロール	インフレヘッジ	リスクの低さ	手数料の安さ	流動性（換金しやすさ）
定期預金	◎	×	×	◎	◎	◎
投資信託	×	×	○	△	△	○
個別株式	×	△	○	×	○	○
外貨預金	◎	×	△	△	×	○
J-REIT	○	×	○	△	△	○
不動産投資	◎	○	◎	○	×	×

ここでは主に定期収入を得られる商品を並べましたが、それらと比べて有利な面が多いことがわかります。不動産投資は、手数料が大きいというデメリットはありますが、それだって不動産価値全体の額から見ればわずかですし、経費として扱える部分もあります。

不動産投資は、特に利回りの面で他の商品を圧倒します。その理由はレバレッジ効果にあります。

レバレッジを利かせた投資ができる

不動産投資では、**少ない自己資金でも、購入する物件を担保とすることで銀行から自己資金の何倍ものお金を借りることが可能**です。これが、レバレッジ（てこの原理）効果です。例えば、自己資金500万円でも3000万円の物件を買うことができます。

株でも信用取引を利用すればレバレッジを利かせた取引ができますが、基本のレバレッジは3倍程度です。FXなら最大で25倍ですが、リスクもそれだけ大きくなり、値動きによっては保証金があっという間に吹っ飛びます。不動産投資の場合、高レバレッジですが価格変動は比較的安定しています。

また、立地や物件を厳選するなどの手段によって、リスクを低減することができます。

コツコツと現金を貯めていたら30年かかってやっと購入できるような物件を、融資さえ受けられればすぐに購入でき、月々の家賃収入を得ることができるのが不動産投資です。レバレッジとは時間を買うことでもあるのです。

次のページからは、その他のメリットについて解説していきます。

図2　レバレッジ効果で高額な物件でも購入できる

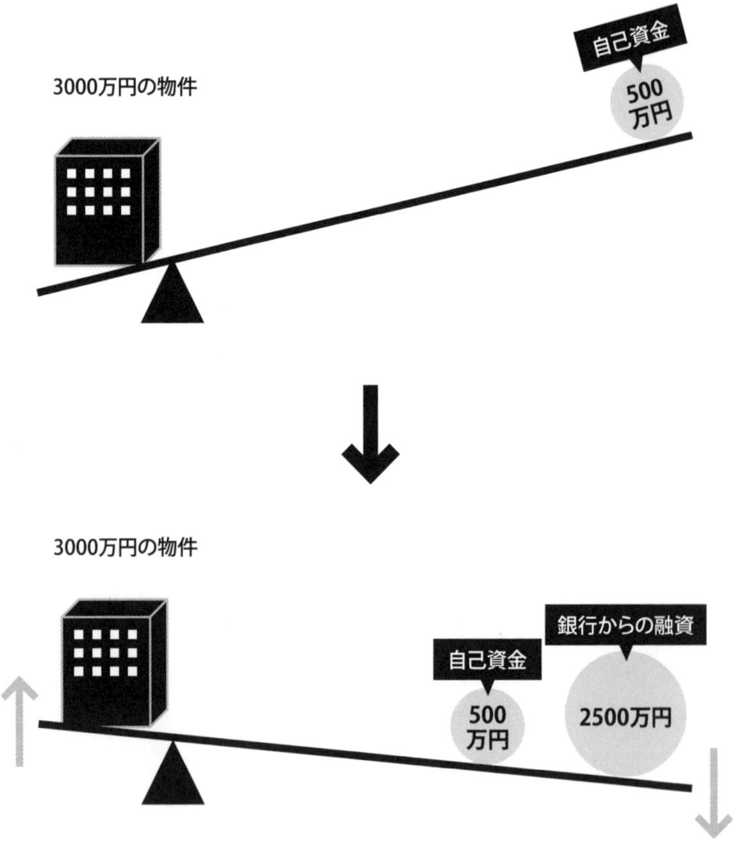

※図はイメージです

Paragraph-2

私設年金代わりになる

年金崩壊が叫ばれるなか、定年退職の日を無計画に迎えることは大きなリスクと言える。豊かな老後のために私設年金の確保は欠かせない。

年金受給額は月額23万7000円

年金問題について楽観視している人はほとんどいないでしょう。日本は2014年には、４人に１人が65歳以上という社会を迎えます。年金をもらう人が増えて、払う人がどんどん減っていくわけです。これまでの世代間扶助という年金システムの根幹が崩壊の危機に瀕しています。厚労省が試算した2025年における世帯当たりの年金受給額は、「夫は38年間フルタイムで就労、妻はずっと専業主婦」の世帯で、月額23万7000円です。ただし、この期間の物価上昇率は考慮されていないので、物価が上昇したとすると実質的にもらえる額は目減りしてしまいます。受給額も今後の見直しで減らされるかもしれません。

リタイア時までに不動産を確保する

また、60歳の定年時から65歳の年金受給が始まるまでの「空白の５年間」は、全く収入がありません。年金に期待できない現役世代にとって、何らかの自助努力を始めることは不可欠です。今後とるべき対策としては、

- 今から貯金する
- 妻が専業主婦なら働いてもらう
- 会社を定年退職後も何らかの職に就く
- 年金を補完する私設年金をつくる

などがあります。

すべての対策に取り組むのがベストですが、なかでも**私設年金づくりが老後の生活を大きく左右**します。そこで、毎月収入が得られる不動産があると安心していられます。

高齢者の夫婦2人世帯の平均的な消費支出は、20万～24万円と言われていますが、これはかなり切り詰めた生活をした場合です。旅行や趣味を楽しむ生活を送っていれば、すぐに30万円以上になるでしょう。

図3　家賃収入で老後のライフスタイルは変わる！

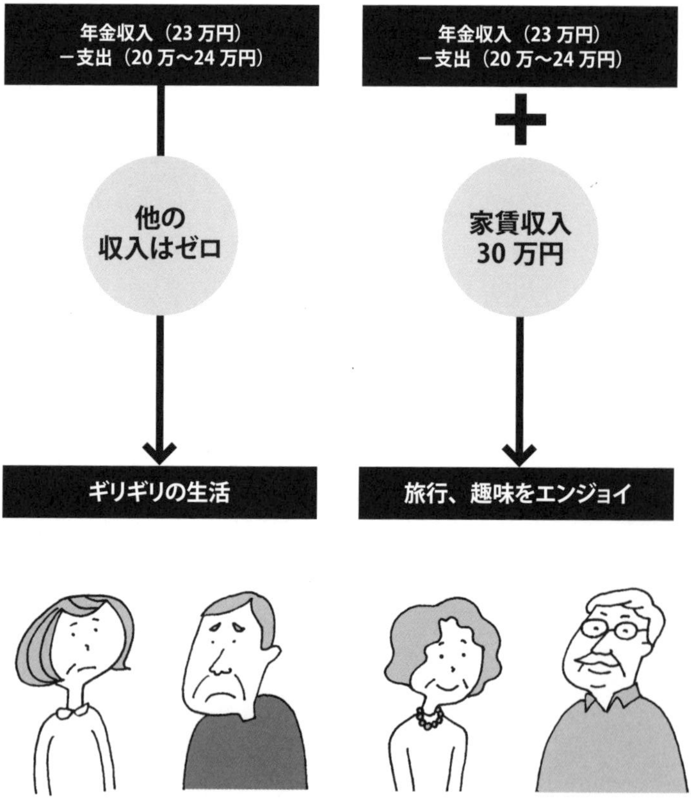

欲を言えば40万円くらいは確保したいところです。不動産で毎月30万円の収入を得るためには、単純計算で利回り10%・3600万円のローン返済済みの物件を持つ必要があります。不動産投資において3600万円分の物件を取得することは、実はそれほど高いハードルではありません。

若い人ならばもっと高い目標を設定してもいいでしょう。定年退職に備えて、今からすぐに動き出すことができるからです。

図4　始めるなら早ければ早いほど有利

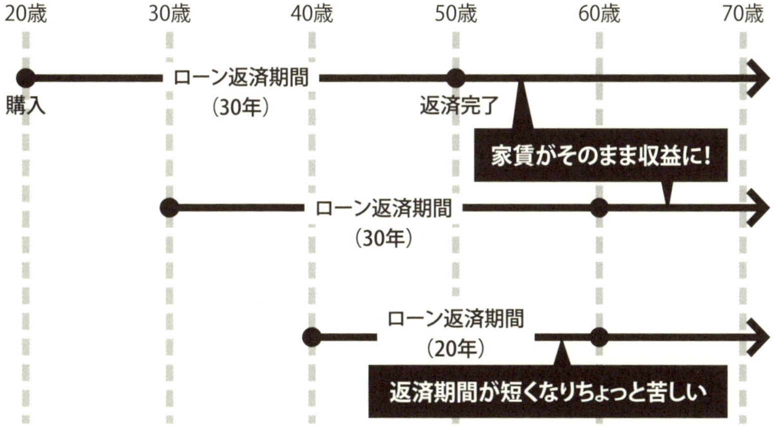

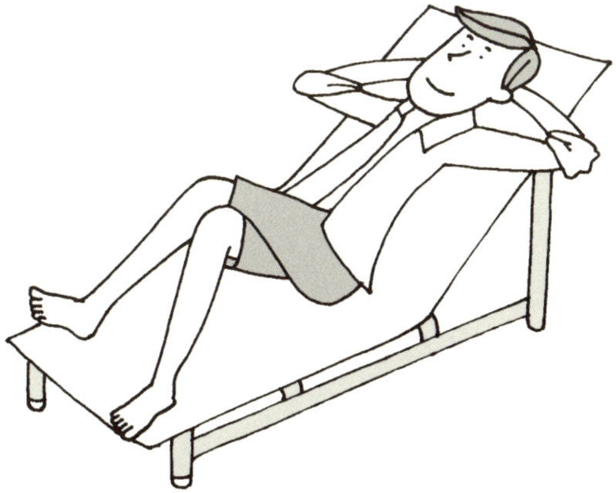

Paragraph-3

生命保険代わりになる

不動産投資は生命保険としての役割を果たすだけでなく、いくつかの点で生命保険を上回る機能を持つ優秀な商品であると考えられる。

団体信用生命保険に加入する

一家の主に万一のことがあった場合、その経済的な損失をカバーしてくれるのが生命保険ですが、不動産も生命保険と同じような役割を果たします。

ローンで投資用物件を取得する場合、住宅ローンでもおなじみの**団体信用生命保険（団信）**に加入することになります。団信とは、ローンを組んだ人に万一の事態があって亡くなった時、保険会社がローンの残債に相当する保険金（最大１億円）を金融機関に支払ってくれるというものです。高度障害などの際も団信は適用されます。団信は、金融機関ごとにローン利用者の分をまとめて団体として申し込むもので、掛け金が割安になっているというメリットもあります。金融機関によっては、金融機関側で掛け金を負担してくれることもあります。

残された家族に安定した生活を

万一の事態が起こっても、団信に入っていれば家族にはローンの返済が終わった不動産が残るので、月々の家賃収入を得られることになり、経済的に安定した生活を送ることができます。場合によっては、不動産を売却してまとまったお金を手にすることもできます。生命保険でこれだけの充実した保証を得ようとすると、かなりの額の保険料を長年にわたって払い続けなければなりません。

また、生命保険はインフレヘッジ性が低いというデメリットもあります。生命保険の一種である個人年金保険などは、年金の受給期間に被保険者が死亡した場合、その時点で年金がストップしてしまいます。月々高額な保険料を支払ってきて、せっかく保険金を受け取れる年齢になったのに、すぐ亡くなってしまったら金銭的には大損です。

不動産投資ならば、家賃収入がローンの返済額を上回っている限りは、毎月お金を支払うことはなく、入ってくるばかりです。しかも、生命保険に入っているのと同等のリスクヘッジ効果があるのです。

したがって、**不動産を手に入れた場合、加入している生命保険の見直しをして、場合によっては解約を検討する**こともできます。保険商品と比較しても不動産が優位であることがわかります。

同じローンでも住宅ローンは危険？

ところで、団信と言えば、一般的には住宅ローンを借りる際に入る保険です。住宅ローンを抱えるお父さんが亡くなっても、団信のおかげで残された家族は家に住み続けることができます。

では、団信の加入者がガンや脳卒中にかかって、一命を取り留めた場合はどうなるでしょうか。

この場合、仕事は長期間休業せざるを得なくなりますが、死亡したわけでも高度障害を負ったわけでもないので、団信の保険金は下りず、収入減によりローンの返済は苦しくなります。「三大疾病保証付き団信」であればローンは返済されますが、休業によって収入は減るので、苦しいことには変わりありません。そう考えると、住宅ローンは危険な一面もあります。その危険な面は医療保険やガン保険、所得補償保険などでカバーしなければなりません。

一方、不動産投資の場合、月々のローンを返済するのはオーナーではなく、物件そのものです。本人が病気で寝込んでいようが関係なく、物件が休みなく働いてローンを返してくれます。病気に対する備えとしても不動産は心強いのです。

Paragraph-4

節税効果がある

家賃収入が発生すると気になるのが税金。不動産投資には節税効果も期待できる。しかし、ステップアップを目指すなら過度の節税は禁物。

所得税や住民税の節税につながる

不動産を持つことには節税効果もあります。不動産業を営む事業者として「必要経費」が認められるからです。一般のサラリーマンの給与は「給与所得」ですが、不動産投資によって得られる家賃収入は「不動産所得」です。サラリーマンが不動産を買って不動産所得を得るようになったら、自分で確定申告をする必要があります。確定申告の際に、経費として計上できる部分が多ければ、それだけ課税所得を圧縮することになり、結果として所得税や住民税の節税につながります。

さまざまな「必要経費」が認められる

不動産を運営していく上で経費として認められるのは、管理費や保険料、ローン返済額の利息に当たる部分、建物の減価償却費、固定資産税、都市計画税などの税金です。

「**総収入金額－必要経費＝不動産所得**」という算式になります。

経費を多く計上できればそれだけ節税につながります。場合によって赤字が出れば、給与所得と損益通算でき、さらに節税になります。結果、所得税が還付されたり、翌年払う住民税が安くなったりします。

「建物の減価償却費」については第３章で詳しく説明しますが、例えば木造アパートを購入した場合、やり方によっては減価償却費を大きくする手法で、購入後数年間は大幅な節税をすることが可能です。

図5　不動産投資は節税効果がある

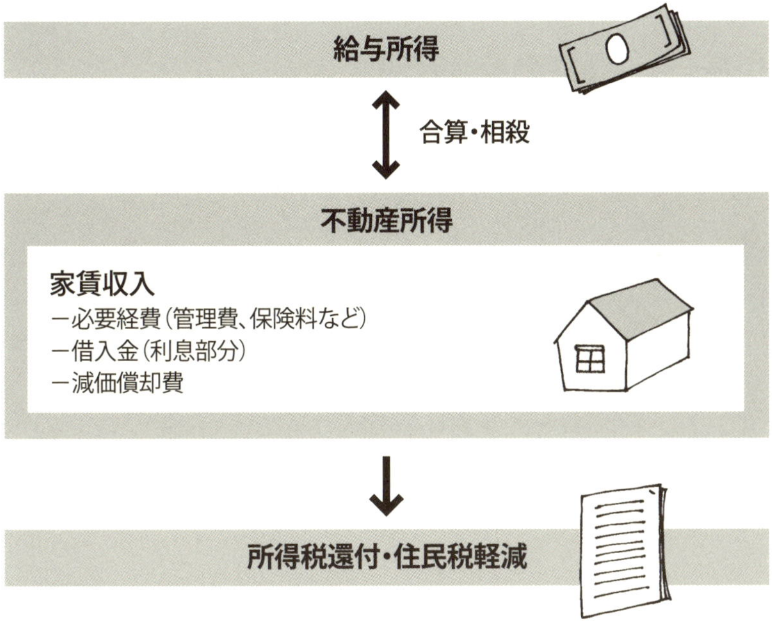

節税しすぎるのも考えもの

ただし、節税は諸刃の剣でもあります。次の物件を購入する際の融資の審査に影響してくるからです。**銀行は融資の審査の際、利益の出ていない人、税金を納めていない人を敬遠します。**節税して赤字を出しているような人は、次に融資を受けるのが難しくなります。

不動産を一つだけではなく、二つ、三つと購入してステップアップしたいなら、下手な節税はしないほうが得策です。いくら節税しても、本業の給与所得が何千万円もある人ならともかく、通常の人ならメリットはせいぜい数十万円程度。さらなる融資を受けて不動産を買い増していくことで得られる利益とは比べものになりません。

当初は節税よりも物件を購入することに集中し、収入がある程度の額に達したら、そこで改めて法人化も含めた税金対策を税理士に相談しましょう。

相続の面でも不動産は有利

相続の際、投資用不動産は、時価で計算される現金や株式とは違って「評価額」で計算されます。投資用不動産の評価額は更地よりも低く、建物なら取得価格の50％くらい、土地部分は時価の80％くらいで評価されます。さらに賃貸中であれば土地・建物ともに評価額を下げることができます。**相続対策としても不動産は有効**なのです。

図6　相続の際に不動産は「評価額」で計算される

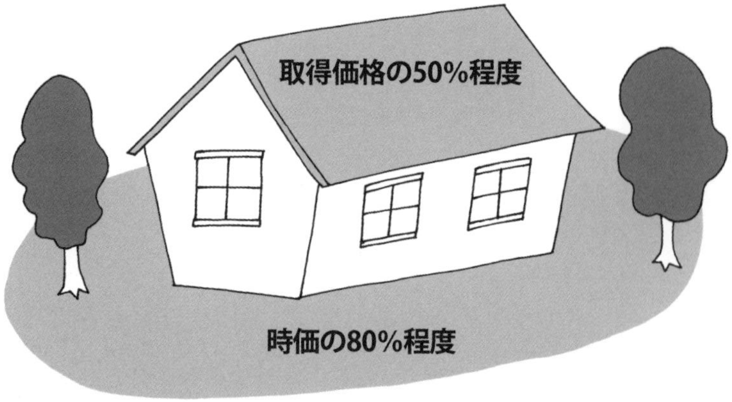

※注　相続評価に関しては、様々な条件によって変わりますので専門家へご相談ください。

Paragraph-5

ペイオフ対策になる

1000万円を超える普通預金に保証がなくなったことで「貯蓄から投資へ」の流れを呼んだペイオフ。不動産を持っておけば安心感は大きい。

1000万円までなら本当に安全か?

2005年4月1日「ペイオフ解禁」となりました。ペイオフとは銀行、信用金庫などの金融機関が破綻した場合に、普通預金や定期預金などの預けていたお金が上限金額までしか補償されない仕組みで、この保護される上限が「全額」でなくなったことで「解禁」と呼ばれました。

もし金融機関が破綻した場合、普通預金や定期預金などは、預金者1人当たり元本1000万円までとその利息等は保護されます。つまり、保護されるのは1000万円までで、それを超える分は状況によっては返ってこなくなります。

すぐに払い戻しが受けられるのは60万円まで

ですから、もともと預金が1000万円ない人にはあまり関係のない話です。1000万円以上を預金している人は、全額保護される決済専用口座(預金利息のつかない口座)に預けるか、複数の銀行に分散させれば問題はありません。

ただし、いくら保護される制度があるからといって、実際に銀行が破綻した場合、すぐに払い戻しが受けられるのは60万円までで、残りはいつ戻ってくるかもわかりません。いろいろと面倒な手続きも生じるはずです。

ちなみに破綻した銀行で融資を受けていた場合、そのローンがなくなるということは、当然ありません。受け皿銀行にローンは引き継がれます。

不動産はペイオフ対策として有効

ペイオフ対策としては、複数の銀行に預金を分散させたり、株や投資信託などの金融商品で運用する方法があります。

不動産も一つのペイオフ対策です。不動産はすぐに換金できないという流動性リスクはありますが、入居者がいれば月々の家賃収入が入ってきます。融資を受けている銀行が破綻しても、関係なく収入が得られます。また不動産は金（ゴールド、地金）などと同様、インフレにも強い「現物」の資産と言えます。

図7　銀行預金ではペイオフで資産を失う可能性も

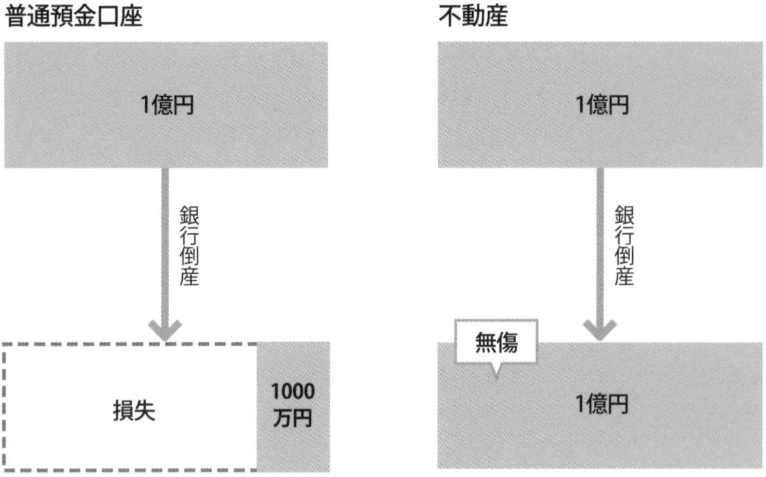

Paragraph-6

サラリーマンの副業禁止規定に抵触する？

通常、企業は副業を許可していないが、不動産投資なら一般的には副業に当てはまらない。会社に知られないテクニックもある。

副業に含まれるケースは少ない

社員の副業を禁止している会社はありますが、不動産投資は副業に含まれるのでしょうか。会社によりますが、**一般的には副業に含まれるケースは少ない**ようです。なぜなら、「親が持っていた賃貸アパートを相続した」「家を建てた後に転勤になり、転勤中は自宅を貸しに出した」というケースも当然考えられるわけで、そういった事情に会社が口を挟むことはできないからです。

会社としても、本業に支障をきたさない限りは、不動産投資を禁止することはできないのではないでしょうか。

それでもやっぱり会社の人には知られたくないと、心配する人もいることでしょう。副業禁止規定に触れなくても、「不動産投資をしている＝収入が多い」ことへの職場の人のやっかみも気になります。では、どうすれば会社の人に知られないで済むのでしょうか。

会社に知られない方法がある

不動産投資を始めると、収入が大幅に増えることになります。そうなると必然的に払うべき所得税、住民税が増えます。住民税は前年度の収入をベースに算出され、翌年度の給料から天引きされるので、勤め先の経理担当者などが給与明細を見て、「給料がさほど増えていないのに住民税の額が大幅に増えている」と気づけば、給与収入以外の収入があることを知られてしまいます。

それを防ぐ方法として、確定申告の際にちょっとした手続きをします。

住民税の納め方には、給与から天引きされる「**特別徴収**」と、自分で納付する「**普通徴収**」があります。給与を受け取っているサラリーマンは通常、特別徴収となっていますが、**本人の希望で普通徴収に変更することができます**。

確定申告の際、「住民税・事業税に関する事項」で、「自分で納付」をチェックするだけです。そうすると、その年の住民税は給与から天引きされることはありません。6月頃に市区町村から送られてきた振込用紙で払うことになります。会社に住民税の額を知られることはありません。

図8　国税庁ホームページ「確定申告書作成コーナー」で申告の場合（https://www.keisan.nta.go.jp/）

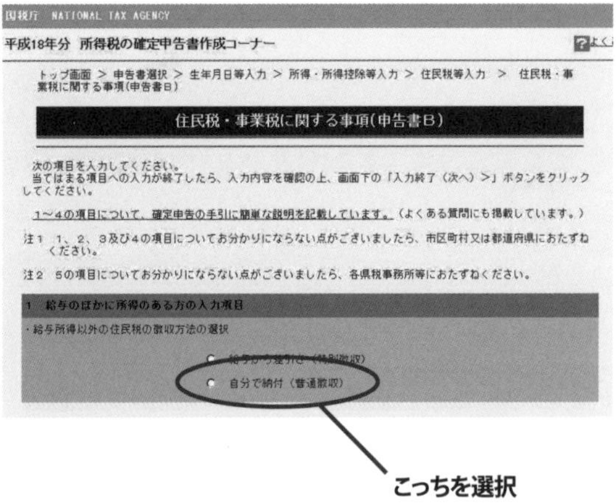

図9　申告用紙に記入する場合

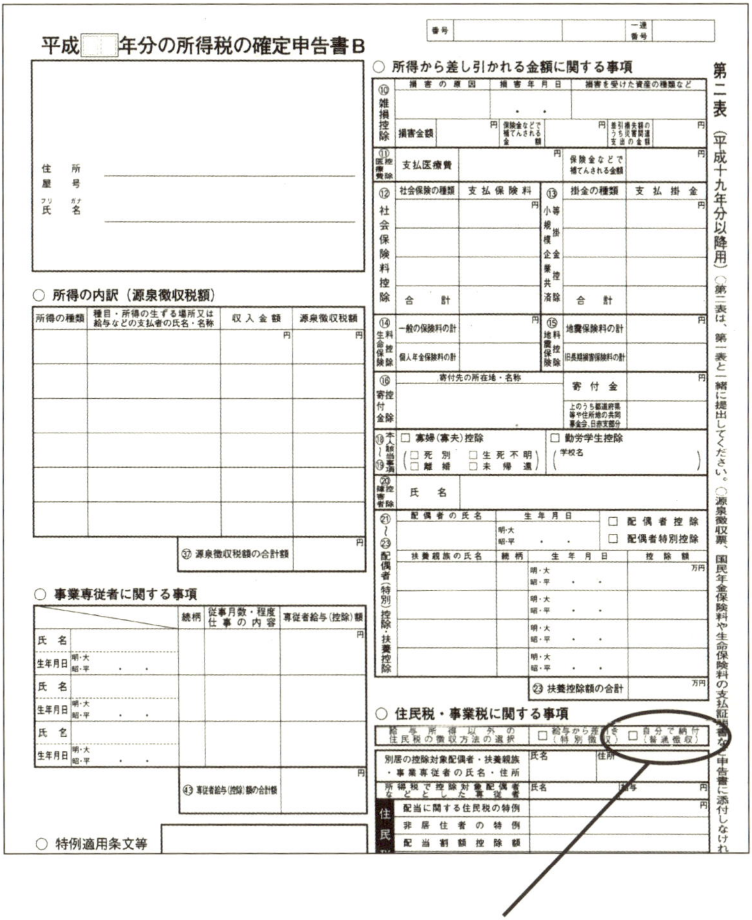

平成　年分の所得税の確定申告書B

番号　一連番号

住所　屋号　フリガナ　氏名

○ 所得の内訳（源泉徴収税額）

所得の種類	種目・所得の生ずる場所又は給与などの支払者の氏名・名称	収入金額	源泉徴収税額
		円	円

㊲ 源泉徴収税額の合計額　円

○ 事業専従者に関する事項

	続柄	従事月数・程度 仕事の内容	専従者給与（控除）額
氏名			円
生年月日 明・大 昭・平 ． ．			
氏名			
生年月日 明・大 昭・平 ． ．			
氏名			
生年月日 明・大 昭・平 ． ．			

㊸ 専従者給与（控除）額の合計額　円

○ 特例適用条文等

○ 所得から差し引かれる金額に関する事項

⑩ 雑損控除：損害の原因　損害年月日　損害を受けた資産の種類など　損害金額 円　保険金などで補てんされる金額 円　差引損失額のうち災害関連支出の金額 円

⑪ 医療費控除：支払医療費 円　保険金などで補てんされる金額 円

⑫ 社会保険料控除：社会保険の種類　支払保険料 円　合計

⑬ 小規模企業共済等掛金控除：掛金の種類　支払掛金 円　合計

⑭ 生命保険料控除：一般の保険料の計 円　個人年金保険料の計

⑮ 地震保険料控除：地震保険料の計 円　旧長期損害保険料の計

⑯ 寄付金控除：寄付先の所在地・名称　寄付金 円　上のうち都道府県等や住所地の共同募金会、日赤支部分

⑱〜⑲ 本人該当事項：□ 寡婦（寡夫）控除（□ 死別　□ 生死不明　□ 離婚　□ 未帰還）　□ 勤労学生控除（学校名　）

⑳ 障害者控除：氏名

㉑〜㉓ 配偶者（特別）控除・扶養控除：配偶者の氏名　生年月日 明・大 昭・平 ． ．　□ 配偶者控除　□ 配偶者特別控除

扶養親族の氏名	続柄	生年月日	控除額
		明・大 昭・平 ． ．	万円
		明・大 昭・平 ． ．	
		明・大 昭・平 ． ．	
		明・大 昭・平 ． ．	

㉓ 扶養控除額の合計　万円

○ 住民税・事業税に関する事項

給与所得以外の住民税の徴収方法の選択　□ 給与から差引き（特別徴収）　□ 自分で納付（普通徴収）

別居の控除対象配偶者・扶養親族・事業専従者の氏名・住所　氏名　住所

所得税で控除対象配偶者などとした専従者　氏名　給与 円

住民税　配当に関する住民税の特例 円　非居住者の特例　配当割額控除額

第二表（平成十九年分以降用）（第二表は、第一表と一緒に提出してください。）（源泉徴収票、国民年金保険料や生命保険料の支払証明書など申告書に添付しなければ

こっちを選択

（出典：国税庁）

Column

「私はこうして大家さんになりました！」その①

何千枚というマイソクの中から選んだ掘り出し物件

A・Hさん（30歳・歯科医師）

――A．Hさんが所有している物件の概要を教えてください。

東京23区内に区分所有のワンルームマンション（16平方メートル）を持っています。価格は420万円から交渉して400万円。表面利回りは16.2％、実質利回りは13.7％です。もう一つ、東京近郊に2DKのマンションも持っていますが、こちらは自宅用です。

――不動産投資を始めたきっかけは？

『金持ち父さん貧乏父さん』を読んだことですね。自営業なので、自分に万一のことがあった場合の保険として安定したキャッシュフローが必要だと考えていました。また、開業する際に多額の資金がかかるので、そのためにも資金が必要でした。

――物件を買った時のエピソードを教えてください。

賃貸住宅に住んだことすらなかったので、ごくごく基本的な知識から覚える必要がありました。坪と平方メートルの意味も知りませんでしたよ。もちろんそれなりに勉強しましたが、実際に買わないとわからないことも多かったです。特に買付から契約までの流れは、ほとんど不動産会社の言いなりでした。

それから、どんなリフォームをしたら効果があるのかも全くわからず、お金をかけすぎました。今ならもっとメリハリの利いたリフォームができます。

――不動産投資をして良かったと思うことは？

何百、何千というマイソク（販売図面）を見て物件を選択するという行為を経験することで、「待てる」ようになったと思います。例えば、株を買う時も買い急ぐのではなく、タイミングを遅らせることができるようになりました。患者さんに対してもいろいろな場面で待てるようになったかな（笑）。

これからは、持っている物件を相場以上の家賃で貸すために、リフォーム、部屋の見せ方、不動産会社の動かし方などを工夫していきたいと思います。

第１章のまとめ

◎不動産には、少ない自己資金でも、銀行から自己資金の何倍ものお金を借りて物件を買うことができるという、レバレッジ（てこの原理）効果がある。

◎立地や物件を厳選するなどの手段によってリスクを最小化することができる。

◎不動産は年金・生命保険の代わりになるだけでなく、相続税対策にもなる。

◎確定申告の際に、さまざまな必要経費が認められれば、それだけ課税所得を圧縮することになり、所得税や住民税の節税ができる。

不動産投資の
リスクに対処しよう!

Paragraph-1

悪い物件を買ってしまうリスク

不動産は、物件を買えさえすれば「勝ち組」になれるようなものではない。良い物件・悪い物件をしっかりと見定める「目利き力」を鍛え、良い物件だけを選別して購入することが成功のカギとなる。

良い物件は100：1の割合

第1章で述べたように、さまざまなメリットがある不動産投資ですが、当然ながら、どんな不動産を買っても利益が出せるわけではありません。不動産には良い物件と悪い物件があります。比率としては、**悪い物件100に対して、本当に良い物件は1の割合**とも言われています。

数多くの物件を見て、目利き力を養成し、交渉を通じて妥当な購入金額を導き出して、はじめて良い不動産投資を行うことができます。

悪い物件を買ってしまうとどうなるか

悪い物件の典型的なパターンは、

- 入居者がなかなか決まらない（空室ばかりになってしまう）
- リフォームや修繕などの出費がかさむ
- 入退去が頻繁であったり、入居者のトラブルが絶えず、手間ばかりかかってしまう

などです。このような状況になると、毎月のキャッシュフローがマイナスになってしまうものです。このような煩わしさに嫌気がさして物件を売りに出しても、購入価格を大幅に下回ってしまい、融資を組んでいる場合には借金が残ってしまう。まさに八方ふさがりの状態です。

不動産投資は高額な物件を手がけることが多いため、物件選びを間

違ってしまった場合は、損害金額も大きくなってしまいがちです。
したがって、最初に避けるべきリスクは、「悪い物件を買ってしまうリスク」ということになります。

物件選びのリスクを軽減するためには

悪い物件を避け、良い物件を購入するためのポイントは、

①物件を選別する数を増やすこと、

②物件の良し悪しを見分ける知識をなるべく多く身に付けること、

です。

物件選別数を増やすとは、購入前に見る物件の数を増やすことです。５件しか見ずに１件の物件を選び出すよりも、100件見てから１件を選び出したほうが、不動産の良し悪しを見分けるだけの判断材料が増えてくるため、ハズレ物件を掴みづらくなります。

第２に、物件選びの基準についての知識です。

後述するように、不動産は**「収益力」「担保力」「稼働力」の３つの基準で価値を判断する**ことができ、この３つのポイントが高い物件であれば、保有期間の収入が増えるだけでなく、将来的に売却することになった際にも損失を被る可能性が低くなります。

図10 不動産は「収益力」「担保力」「稼働力」の３つの基準で判断する

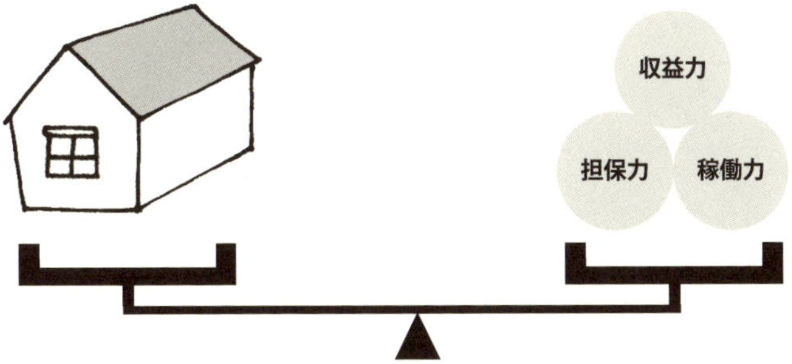

Paragraph-2

空室リスク

不動産経営においてダメージが大きいのが空室。あらゆる側面から空室リスクの低減に努めることが、不動産経営の成功のカギとなる。

不動産はミドルリスク・ミドルリターン

原則的に、リスクとリターンは比例します。高いリターンを期待できる投資商品ほどリスクも高くなり、リスクの低い（安全性の高い）商品はリターンも低くなります。**不動産はミドルリスク・ミドルリターンの投資**であると言えます。

不動産のリスクには、空室リスク、滞納リスク、金利上昇リスク、値下がりリスク、流動性リスク、地震・火事などの災害リスク、住人のトラブル・犯罪などの人的リスクなどのさまざまなリスクが存在します。これらのリスクの内容を正しく知って対処することで、リスクを軽減す

図11　金融商品のリスクとリターンの関係

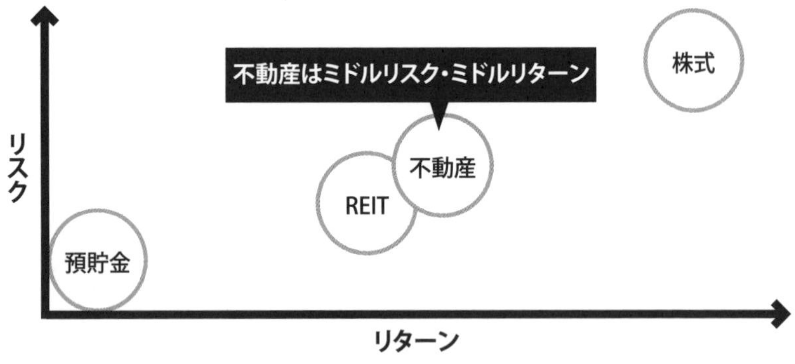

ることができます。

いつでも空室になる可能性がある

不動産投資で得られる**収益の中心は家賃収入**です。家賃は借主（入居者、テナント）があってはじめて入ってきます。その借主が退去したら、次の借主が見つかるまで家賃は入ってきません。

家賃収入の有無にかかわらず、毎月のローン返済、管理費、固定資産税などの支払いはなくなりません。空室が増えると、当初想定していた利回りが得られないばかりか、キャッシュフロー（収支）がマイナスになることもあります。

通常の賃貸住宅では、**借主は契約期間中であっても退去日の１カ月前に予告することで自由に退去可能**です。つまり、契約期間にかかわらずいつでも空室になることを覚悟しておかなければなりません。**「空室リスク」は不動産運営にとって避けて通れないリスク**です。では、どのような対処法があるのでしょうか。

空室リスクを軽減するには

・空室が出ないような優良物件を購入する

優良物件を取得することが最大のリスクヘッジであり、不動産投資の成否を左右する最大の課題です。

・人気のあるエリアで物件を購入する

都心と地方の地価は二極化する傾向にあり、エリア選びは一層重要になってきています。優良物件の探し方、選び方については、第４章で解説します。

・物件の魅力を高める

リフォームの実施や設備の充実などにより物件の価値を高めることで、空室期間を減らす工夫ができます。リフォームについては第７章で解説します。

・**家賃を値下げする**

長期間空室にしておくよりは、少し家賃を下げても部屋を埋めてしまったほうが得策の場合もあります。空室が出てもすぐに埋めるための値下げ余力をもった物件取得が重要です。

・**所有する物件数を増やす**

例えば、マンション１室のみや一戸建てのみを運用している場合、空室が出た瞬間に、稼働率が100%から０%に下がります。アパート１棟やマンション１棟など保有物件が10室あれば、１室が空いても90%は稼働しているので、保有物件が多ければ多いほど空室リスクは下がると考えられます。

・**空室保証（サブリース、一括借り上げ）を利用する**

空室保証（サブリース）とは、毎月一定の管理手数料を払えば、空室が出ても不動産管理会社が家賃を保証してくれるサービスのことです。管理手数料は賃料の10～20%と少し高めですが、安定した収益を確保できます。ただし、この手数料は数年ごとに契約見直しが行われるのが通常です。契約期間と契約解除の条件をきちんと確認しなければなりません。また、苦労せずに空室を埋められるような新築物件や競争力の高い物件には利用しないなど、状況に合わせて検討します。

Paragraph-3

滞納リスク

入居者がいても家賃が入ってこないという、厄介な問題が滞納。滞納保証会社のサービスを利用することが最善策となる。

家賃の未納は二重・三重の損失

入居者が必ず毎月きちんと家賃を払ってくれるという保証はどこにもありません。家賃を滞納したり、居座られたり、夜逃げされたりという問題が発生するリスクが不動産運営にはあります。

保有物件が一つしかなければそのダメージは100%になります。単なる空室であればリフォームなどをして入居者を呼び込む努力ができますが、家賃滞納はまだ住んでいる人がいるだけに対処が難しい問題です。

しかも、家賃が滞納された場合、経理上は「未収金」になり、売上として計上する必要があります。売上に対して課税されることになり、二重・三重の損失です。空室以上にタチが悪いのが滞納であり、厳しく対処していかなければならないのです。しかし、対処と言っても簡単ではありません。

自ら対応するのは時間と手間がかかる

家賃滞納が発生した場合、素早い対応が重要になります。予定日までに入金がなければ、すぐに本人に督促の電話を入れるか、滞納している旨を書面にして送付します。それでも入金がないなら、契約者の連帯保証人に連絡します（具体的な督促の仕方については第８章で説明します）。

このように、家賃滞納への対応は非常に手間がかかり、なるべく避けたいところです。避ける方法としては次のようなものがあります。

家賃滞納に対処するには?

・入居者審査を厳格にする

第一に、入居時の審査を厳しくして、しっかりと家賃を納めてくれる人を選ぶことが重要になります(詳しくは第2章の8で説明します)。

・滞納保証サービスを利用する

家賃・共益費の滞納があった場合に、滞納された家賃・共益費を入居者に代わって立て替え払いしてくれる制度です。不動産会社がサービスメニューの一つとして提供しているケースと、信販会社や専門会社などが独自に滞納保証だけを提供しているケースがあります。滞納保証については、第8章で詳しく説明しています。

図12　滞納リスクを減らす方法

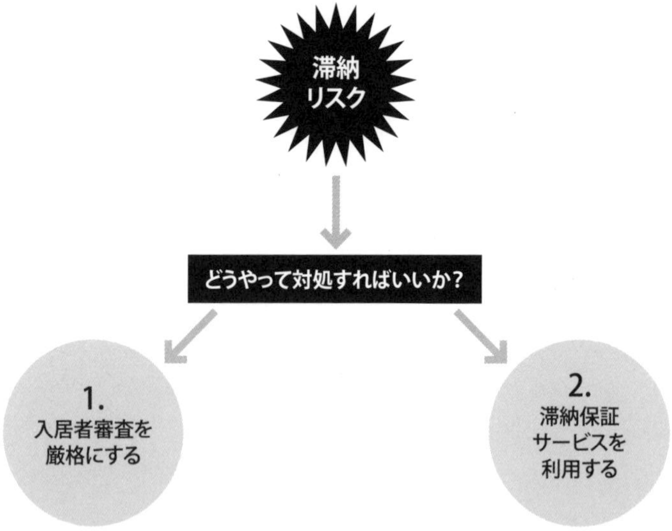
滞納
リスク
どうやって対処すればいいか?
1.
入居者審査を
厳格にする
2.
滞納保証
サービスを
利用する

Paragraph-4

金利上昇リスク

デフレから脱却した日本では、金利上昇が予想されている。金利上昇が不動産経営に与えるインパクトを理解しておく必要がある。

日本は不動産投資に適した市場

2006年7月のゼロ金利解除に続き、2012年からは「2年間で2％のインフレ」を目標とするアベノミクスが始まりました。それでも世界の主要国と比べてみれば、現在の日本はまだまだ金利水準の低い状況が続いています。このような低金利が背景にあるからこそ、預貯金よりも高い利回りを得られる不動産投資が人気を博していると言えます。

不動産投資の考え方で「イールド・ギャップ」というものがあります。イールド・ギャップとは、期待される不動産の利回りから借入金利（長期金利）を差し引いた数値のこと。例えば、「不動産利回り7％－金利3％＝イールド・ギャップ4％」と考えます。現在、先進国の中で最もイールド・ギャップが大きい日本は、投資するのに適した市場であると言えます。

図13　主要国・地域の中央銀行政策金利・短期金利

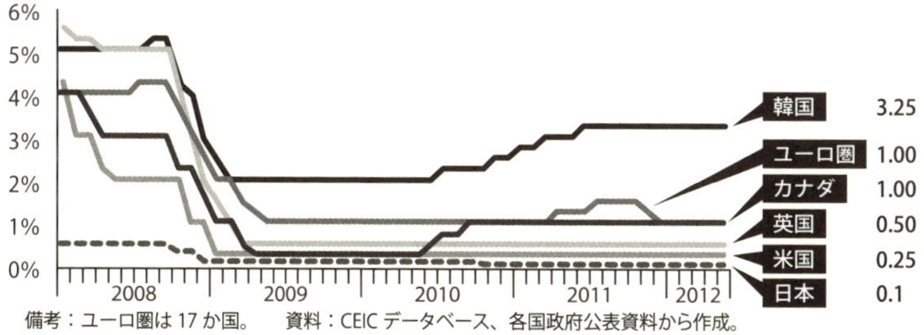

備考：ユーロ圏は17か国。　資料：CEICデータベース、各国政府公表資料から作成。

（出典：経済産業省HPより）

金利変動はキャッシュフローに大きな影響

まだまだ低い水準にある日本の金利ですが、今後はやはり上昇の可能性があると考えておいたほうがよさそうです。市場金利が上昇すれば、不動産投資用ローンの借入金利も上昇します。以下の表を見てもわかるように、金利の変化はローンの返済額やトータルの支払額に大きく影響してきます。

表3 1000万円を1%、3%、5%で借りたときの毎月返済額と返済総額

	期間	金利		
		1%	3%	5%
返済月額	10年	8.8万円	9.7万円	10.6万円
	15年	5.9万円	7万円	7.9万円
返済総額	10年	1051万円	1159万円	1273万円
	15年	1077万円	1244万円	1423万円

不動産投資のメリットは、レバレッジを利かせて融資を受け、ROIを高められる点にあります。金利が高い時期に大きなレバレッジ（借り入れ）をかけると、得られる収益が圧迫されることになり、キャッシュフローが悪化してしまいます。金利上昇に対してもあらかじめ対策を準備しておく必要があるでしょう。

金利上昇リスクにどう対処するか

・金利変動を見込んだ上で収支計画を立てる

金利水準がアップしたときのことも考え、返済に無理のない資金計画・収支計画を考えなければなりません。金利上昇を織り込んだシミュレーションをし、借入期間や借入金額、自己資金と借入金のバランスなど、総合的な視点で戦略を立てることが重要です。

・固定金利で資金を調達する

変動金利で借りるのではなく、なるべく長期の固定金利で資金調達を行うことで、当面の上昇リスクを回避することができます。融資を受ける際の金利の種類については、第５章の「金利についての考え方」で解説しています。

・不動産投資のタイミングを見計らう

リクルートの創業者・故江副浩正氏の著書『不動産は値下がりする！』（中央公論新社）に、不動産業界には「買い時、売り時、休み時」があるということが書かれています。古くから蓄えのある不動産会社は、金利が低い局面で物件を仕込み、金利上昇にしたがって買いをストップし、金利が高い局面では休む、という戦略をとっているそうです。新興のデベロッパーであればそうはいかず、常に売買を続けなければなりません。しかし、サラリーマン大家さんにはノルマがありませんので、老舗の不動産会社と同じようにゆったりとしたスタンスで投資の時機を待つことができます。

不動産の世界では、買い・売り・休みの周期が10～20年ごとに訪れています。長いスパンで見て時流を摑み、タイミングよく取引を行うことが大切です。

図14　金利が高い時には「休むべし」

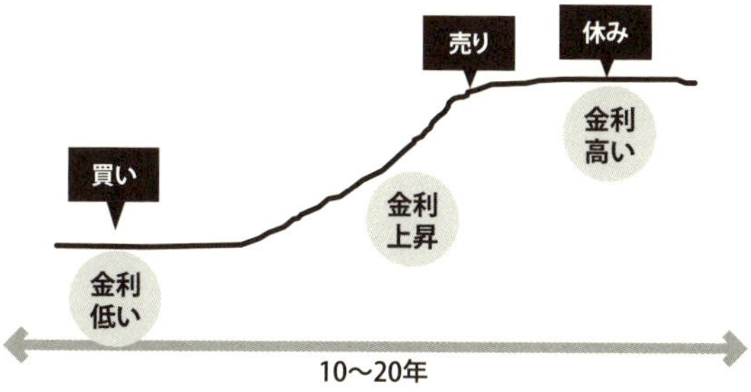

Paragraph-5

値下がりリスク

都市部は上昇、地方は下落という二極化が進む不動産価格。長期運用計画を立てれば、値下がりリスクに対する許容度も見えてくる。

不動産価格が上がり続けるとは考えない

不動産の「値下がり」と聞けばバブル崩壊が思い出されます。バブル絶頂期に購入した物件が、10年後には5分の1にまで下落してしまったという話もよく聞きます。

昨今の不動産価格は、主要都市だけは上昇し、地方では相変わらず下落するという二極化が進んでいます。マクロ的に見ても、人口減少・少子高齢化が進む社会にあって、不動産の価格がこれから上がり続けるとは考えないほうがいいでしょう。

また、土地の価格は値下がりしなくても、建物は古くなればその分価値が下がります。では値下がりにはどのように対処すべきでしょうか。

値下がりへの対処法は？

・値下がりリスクの少ない好立地物件や条件を選ぶ

将来的に値下がりリスクの少ない好立地物件や条件を選ぶこと、これが何といっても大前提です。第4章で詳しく説明します。

・管理をきちんと行うなど、収益性を確保する

日々の清掃や修繕次第で老朽化のスピードを遅らせ、資産価値をなるべく下げないようにすることは可能です。管理会社に任せている場合も、管理がきちんと行われているか日々チェックする必要があるでしょう。

・区分所有は避ける

築年数が古い１棟ものの物件であれば、建物の価値がゼロになっても更地にして売却できます。ですが区分所有では、自分が建物を持っているわけではないので、それができません。銀行の担保評価でも区分所有は通常低く見られてしまいます。

・利回りをキープする

家賃収入と物件の価格はある程度リンクします。家賃が下がらないようにして利回り水準を高く維持できれば、物件の値下がりも防ぐことができます。部屋をリフォームする、新しい設備を導入するなどの対策を講じ、空室を出さないことが家賃収入を維持するポイントです。

長期にわたる運用でリスク低下

物件価格が大幅に値下がりしても、トータルで見て一定の収益を上げられれば、その投資は成功したと見なすことができます。

例えば、銀行から3000万円を借りて物件を購入したとします。10年後に売却した時、ローンの返済が終わっていなくても、10年間で得た家賃収入と売却代金を足した額が、売却時のローン残高より多ければ、結果として利益が出たことになります。

長期にわたって投資を行うことで、ある程度の利益を確保できるのが不動産投資の強みと言えます。

図15　売却時に決まる投資の正否

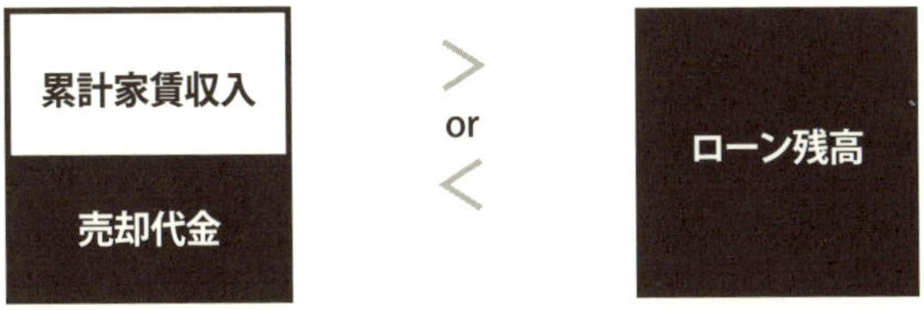

（※累計家賃収入は、保有期間中の税金や金利などランニングコストを差し引いた手取り収入を指す。）

（※頭金ゼロでフルローンで購入している場合。購入時に頭金を入れている場合は、「ローン残高＋頭金」以上の額になることが必要です。）

家賃への影響は案外大きくない

土地の価格が下がれば家賃も下がると予想されるのは、当然です。家賃が下がれば全体の収支に影響してきます。

しかし実際には、不動産価格と家賃は必ずしも直結はしていないようです。バブル期に購入した物件が、その後、5分の1に下落したという話は多々ありましたが、家賃は5分の1にはならず、せいぜい2割下がったくらいです。場所によっては高くなったところもあります。

下の図を見てもわかる通り、物件の価格は新築時から急激に下がっていきますが、家賃の下がり方はなだらかです。築年数が経つほど家賃の変動は小さくなります。築20年と築30年の物件の家賃では、ほとんど差がありません。

そう考えると、新築からある程度の築年数が経ち、「物件価格は大きく下がったものの、家賃はそれほど下落していない」ポイントが、利回りが高水準になり、物件を買うのに適したタイミングと言うことができます。このことはぜひ念頭に置いておく必要があるでしょう。

図16　利回りは時間とともに変化する

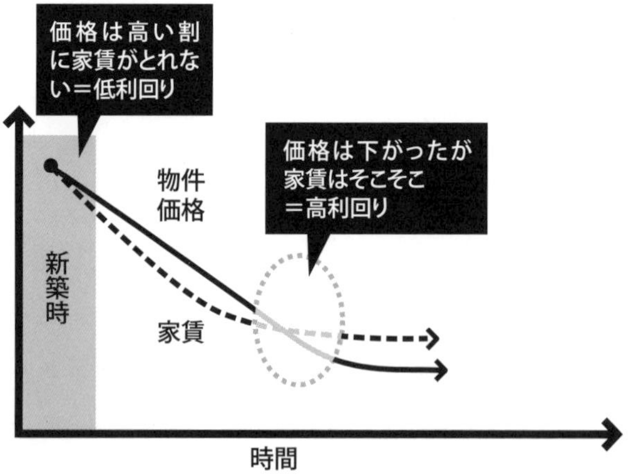

流動性リスク

売りたい時にすぐに売れないのが不動産のデメリット。流動性リスクも考慮した上で投資をすることが必要だ。

不動産は流動性が低い商品

不動産は一般の金融商品と比べると流動性が低い商品です。預金なら即日現金化できます。株式でも売却して４営業日後には現金として引き出すことができます。

一方、不動産の場合、売却しようと思い立っても実際に売却するまでには、申し込みから査定、売り出し開始、売買契約、決済・引き渡しまで最低でも１～２カ月かかります。そもそも買い手が現れなければ、何年待っても売却できません。

このように、金融商品を必要なタイミングで売ることができないリス

図17　金融商品の流動性リスク

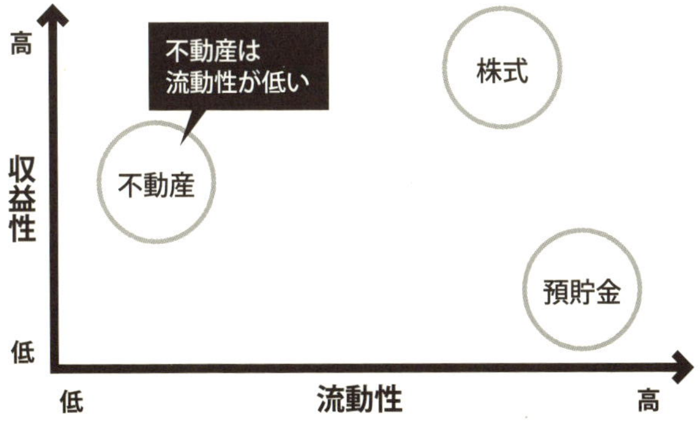

クのことを「流動性リスク」と言います。不動産は比較的流動性が低い（流動性リスクが高い）商品です。

不動産市場はオープンではない。それがチャンス

上場株式であれば、証券取引所が存在し、数多くの投資家がそこで取引しています。したがって、流動性リスクはあまり気にする必要はありません。

一方、不動産の場合、証券取引所のような広く共通化されたシステムは存在していません。基本的には、不動産会社間の情報網があり、不動産会社の店頭や新聞の折り込みチラシ、インターネットなどによってその情報が市場に広がっていきます。もちろん、この流通網に乗らない情報もあります。不動産会社が自社の顧客に直接情報を流したり、不動産会社間で物件を売買したりすることもあるからです。

このように、独自の流通網が存在するのが、不動産マーケットの特徴です。閉鎖的であり、流動性が高い市場とは言えません。

しかし、それは逆にチャンスであると考えられます。オープンでないということは、価格が決まっているようで決まっていないということ。また、売り急ぎは売主にとってはリスクであり、買主にとってはメリットになるということです。例えば、相続絡みなど何らかの事情があって物件を売り急いでいる売主に対しては、大幅な値下げ交渉をすることが可能になります。思いもよらないお得な価格で購入できることもあるのです。これは不動産取引ならではの大きな魅力です。

不動産市場の整備は進んでいる

まだまだ不透明な不動産流通マーケットですが、個人も含めたプレイヤー（投資家）の参入が増加したことで、取引システムの整備は日々進んでいます。

例えば、買主と売主が直接取引できる、中古不動産のマーケットプレ

イス（取引市場）などがそれに当たります。日本では欧米に比べて、不動産の個人間売買は低調でしたが、2014 年、2015 年の消費税増税にあわせて、消費税が課税されにくい個人間取引に注目が集まり、そのような取引市場を立ち上げる気運が高まっています。

その際は、取引の安全性を確保するために契約書類の作成や、住宅の性能診断（ホームインスペクション）などについて、専門家の助けを借りながら進めていく必要があるでしょう。

Paragraph-7

地震・火事などの災害リスク

地震大国・日本にあって、地震は避けては通れない課題。火災や地震などに対しては損害保険でカバーするのが基本。

日本は地震大国

今後100年以内に、首都圏で阪神・淡路大震災クラスの直下型地震が2～3度発生する可能性があると言う専門家もいます。日本に住んでいる以上、地震からは逃げることができません。また、火災が起こる可能性も否定できません。いつ起こるともしれない天災に対し、不動産オーナーとしてはどういった対策をとることができるでしょうか。

建物の構造と建築年を見る

阪神・淡路大震災、耐震強度偽装問題などをきっかけに、住宅の強度に対しての意識が高まっています。地震に強い建物か否かを判断するには、第一に建物の構造を見ます。

主な建物の構造には、**木造**、**軽量鉄骨**、**重量鉄骨**、**鉄筋コンクリート（RC）***、**鉄骨鉄筋コンクリート（SRC）***があり、強度も一般的に木造・軽量鉄骨＜重量鉄骨＜RC・SRCの順になっています。一般的にRC・SRC造のマンションを購入しておけば地震にも強いと言われています。

とはいえ、RC・SRC造であれば何でも安心というわけではありません。中古物件の場合、建物がいつ建築されたかで耐震性が異なるからです。右ページの表のように、耐震基準は大地震が起こるたびに改正され、耐震性をより強化したものとなってきました。

＊鉄筋コンクリート（RC）…補強のためコンクリートに鉄筋を配した構造。
＊鉄筋鉄骨コンクリート（SRC）…鉄筋コンクリートの芯に鉄骨を内蔵し強度を増した構造。

表4 耐震基準の変遷

	耐震基準の変遷	過去の大規模地震
1920年	市街地建築物法制定	
1923年		関東大震災
1924年	市街地建築物法改正	
1948年		福井地震
1950年	建築基準法制定	
1964年		新潟地震
1970年	建築基準法改正	
1978年		宮城県沖地震
1981年	建築基準法施行令大改正（新耐震）	
1995年	建物の耐震改修に関する法律制定（新耐震以前の建物に関する規制）	阪神・淡路大震災
2000年	建築基準及び同施行令改正	

これ以降なら安心

一般的に**1981年の「新耐震基準」以降に建てられた建物であれば、ひとまずは安心**と見られています。それ以前の建物はほとんど新耐震基準を満たしておらず、直下型大地震が起これば倒壊する危険性があるので、そういった物件は慎重にチェックしたほうがよいでしょう。

もっとも、新耐震基準の適用に関係なく施工ミスなどで危険性が高い建物もあります。**外壁にひびやシミが大量にある物件は、設計ミスや施工ミス、地盤が弱いなどの問題がある可能性が高い物件**です。物件を購入する際は建物の見た目もよく観察する必要があります。本書では第4章で、物件の現地調査の際に見るべきポイントについて解説しています。

とはいえ、見た目だけの判断も難しいものがあります。耐震偽装問題では、素人目には立派な新築マンションも、中を見たらスカスカという恐ろしい状況だったわけです。建築年と見た目だけではなかなかわからないのが建物の強度です。不動産会社によく確認することが大切です。それでも心配なら専門家による診断サービスを利用するのもいいかもしれません。インターネットで「建物調査」「耐震診断」などで検索すると出てきます。

基本は損害保険でカバーする

火災・地震に対する対応策の基本中の基本は、しっかり保険をかけることでしょう。地震保険は任意で保険料も高いので迷うところですが、保険をかけない物件が地震で倒壊してしまったら、ローンだけが残る結果になってしまいます。

保険に入る際は、カバーする範囲や保険金が下りる条件がさまざまなので、契約内容をよく確認する必要があります。保険については第8章で解説しています。

複数物件の購入でリスクを分散

耐震偽装やアスベストなど、保険ではカバーできないリスクもあります。これに対しては、空室リスクを抑えるのと同じ理論で、複数の物件を持つことでリスクを分散させます。複数の物件といっても、同じエリア、同じ価格帯の物件ばかりではなく、金額やエリアを分散することで、より効果を発揮します（図18参照）。

例えば、金額で分散する場合、1件目に500万円の物件を買ったなら、次の2件目を買う時に、1件目と同じ程度の金額の物件を買う。次の3件目を買う時には、1件目と2件目の金額を足した金額に相当する物件を買う。次の4件目を買う時は、1件目、2件目、3件目の総額と同程度の物件を買うという具合です。

図18 金額で分散、エリアで分散

金額で分散

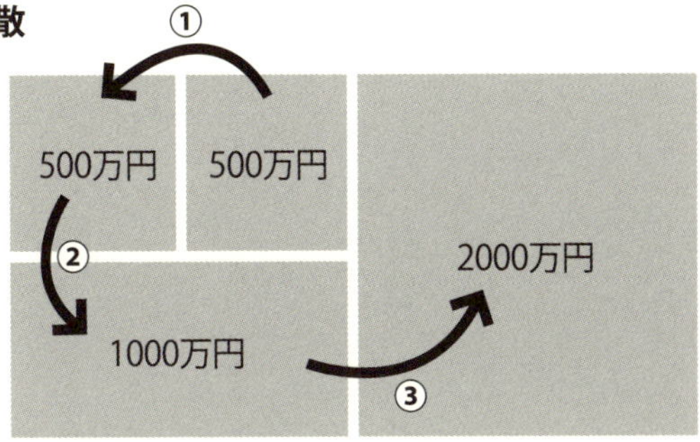

保有物件の総額と同程度の金額の物件を買い増して、
リスクを分散させる方法

エリアで分散

北海道、東京、九州というように
買うエリアで分散する方法もある

Paragraph-8

住人のトラブル、犯罪などの人的リスク

人に対してサービスを提供するビジネスだけに、人に関するトラブルも多い。入居者審査の厳格化、保証システムの利用などで対策をとろう。

さまざまな人的リスクが潜んでいる

ある意味で最も厄介なのが人的リスクです。強盗、殺人、自殺、孤独死といった被害が大きいものから、騒音・ゴミ・近隣同士のいさかい、ペットの飼育等の契約違反などの比較的ありがちなトラブルまで、実にいろいろな人的リスクが潜んでいます。

それらのリスクがあることで、借り主がなかなか見つからなかったり、他の借り主が退去してしまったりすることも考えられます。物件購入前なら避けようがありますが、物件購入後にわかってしまった場合、次にどんなトラブルが発生するのか、戦々恐々としなくてはなりません。

では、これらの人的リスクには、どのような対策をとっていけばいいのでしょうか。

人的リスクに対してどう備えるか？

・入居者の審査を厳格にする

入居者の審査と言っても、不動産管理会社に募集業務を委託している場合、オーナー自らが入居希望者を面接するわけではありません。不動産管理会社が、入居者の属性・現住所・引っ越し理由と時期・同居者・勤務先・収入・ペットの有無・連帯保証人などの必要事項の確認を行ってくれます。入居審査後、オーナーにその内容が伝わり、最終判断を仰

ぐことになります。

外国人、水商売関係の人、ペットを飼っている人、楽器を使用する人などは、周囲の入居者と生活のズレや摩擦が生じる可能性がありますので、よく考慮する必要があるでしょう。また、引っ越し理由がはっきりしない人、年末などの通常引っ越しに適さない時期の入居希望者には気を付けたほうがいいでしょう。

【入居者選びの基本】

- **職業と勤務先（サラリーマンなど定期収入がある職業か）**
- **年収（年間家賃の４倍以上の年収があるか）**
- **引っ越し理由（引っ越しする理由や時期は明確か）**
- **連帯保証人（親や親族などの保証人、または保証会社）**

人を職業などで差別してはいけませんが、オーナーからすれば他の入居者とのバランス、近隣住民・地域環境への影響なども考えなければなりません。ある程度、希望の条件に合った入居者を選ぶことは、当然のことと言えます。オーナーによっては「法人契約限定」「女性限定」などと条件を出している場合もありますが、条件を厳しくすればそれだけ入居者が集まりづらくなることを覚悟しなければなりません。

とはいえ、選り好みしすぎていつまで経っても入居者が決まらなければ、経営面に影響が出ます。いい入居者を選ぶことに注力するよりも、いい入居者を選定してくれる確かな目を持つ不動産管理会社を見つけるのが得策でしょう。管理会社はこまごましたクレームに関しても対応してくれます。不動産管理会社の選び方については、第８章で解説しています。

・各種保証サービスを利用する

入居者の適正を判断した後は、必ず滞納保証会社の審査を行いましょう。入居後に家賃滞納や夜逃げなどのトラブルがあった際、滞納保証会社が費用をカバーしてくれます。

入居者の自殺や他殺で空室が出たときに、その分の損害を補填してくれるサービスもあります。自殺物件となれば、入居者は激減し、売却価格が下がることもありますので、導入を検討してもいいかもしれません。

・セキュリティ設備を導入する

セキュリティ設備を充実させることで、空き巣や盗難などの被害が起こるリスクを抑えることも可能です。防犯カメラやインターフォン、センサーライト、ピッキング対策キーの導入など、防犯対策が整っていれば、物件の競争力アップにもなります。

Column

「私はこうして大家さんになりました！」その②
経済的な余裕が生まれ、子供と十分に関われる幸せ

かよかよさん（48歳・主婦）

――所有している物件の概要を教えてください。

●新築１棟マンション　１億9700万円（融資２億600万円）、表面利回り9.2％
●新築１棟アパート　8459万円（融資7000万円）、表面利回り9.2％
●中古区分マンション　価格3650万円（融資2800万円）、表面利回り11％
●中古区分マンション（自宅）　価格3180万円（融資完済）、表面利回り5.2％

――不動産投資を始めたきっかけは？

共働きをしていましたが、子育てとの両立が厳しくなり退職しました。自分の収入がなくなったのを機に改めて将来の家計シミュレーションをしたところ、教育費や老後に余裕がなくなることがわかり、書籍などで情報収集した結果、不動産投資をすることにしました。私が物件探しや交渉を行い、サラリーマンの主人名義で購入しています。

――物件購入時のエピソードを教えてください。

最初は中古の区分マンションでしたが、銀行に融資を断られ、７～８行目でやっと通りました。次の１棟アパートのときには融資に積極的な銀行を探して持ち込みました。その次の１棟マンションは、２億円のフルローンを申し込んだところ融資が通ってしまい、びっくりしましたね。購入するその時々で人生最大の借金をすることになりましたが、綿密なシミュレーションをすることで自信を持って決断することができました。

――不動産投資をして良かったと思うことは？

経済的な余裕があるので子育てに専念できることです。PTA や子供会の役員、塾や習い事の送迎など、子供と十分に関われることはとても幸せです。今後は土地から仕入れて自分で建ててみたいですが、さすがに現在の借入額が大きいので金融資産をだいぶ貯めなければと思っています。

第２章のまとめ

◎不動産はミドルリスク・ミドルリターンの投資である。

◎数多くの物件を見て、目利き力を養成し、交渉を通じて妥当な購入金額を導き出して、はじめて良い不動産投資を行うことができる。

◎良い物件を購入するためのポイントは、①物件を選別する数を増やすこと、②物件の良し悪しを見分ける知識をなるべく多く身に付けること。

◎不動産投資には、「悪い物件を買ってしまうリスク」「空室リスク」「滞納リスク」「金利上昇リスク」「値下がりリスク」「流動性リスク」「地震・火事などの災害リスク」「住人のトラブル、犯罪などの人的リスク」など８つのリスクがある。

不動産投資の
指標を知ろう

Paragraph-1

不動産投資で利益を得るとは、どういうことか？

不動産投資でお金を増やすには三つの方法があり、それを判断するための「指標」がある。各指標を十分に理解して使いこなせるようになろう。

利益を得るためには三つの方法がある

不動産投資で成功を収めるには、「指標」を知ることが大切です。投資の良し悪し、お金が増えているかいないかを判断する基準がそれらの「指標」であるからです。指標について知る前に、不動産投資ではどうやってお金を増やすのか、その方法について整理してみましょう。

不動産投資でお金を増やす方法は、次の三つに集約できます。

1. 家賃収入でお金を増やす（＝インカムゲイン）
2. 物件を安く買って高く売り、差益を得る（＝キャピタルゲイン）
3. 自宅として使用して、家賃を節約する（＝インカムゲインの応用系）

一つめが「家賃収入」です。家賃収入は不労所得です。いったん部屋を貸してしまえば、後は自動的にお金が振り込まれてきます。したがって、皆さんが最も力を注ぐべきは、「物件を購入して人に貸すまで」です。購入するまでが大変ですが、最初の苦労を乗り越えてこそ、不労所得を味わうことができます。

二つめは安く買って高く売り、売却益を得ること。サラリーマン大家さんの基本は家賃収入を得ることですが、売却益も合わせて得られれば二重の利益が得られます。高く売れるような物件の見分け方については第４章で解説します。

三つめは自宅として使用する。実家で親と同居している人でもないかぎり、どこかに住む家は必要です。家に住むには、持ち家でも借家でも必ず費用が発生します。そこで、自分で買った物件に自分が住んでしまえば家賃などの費用を払わずに済み、節約になります。

マンション１戸を買ってそこに住むのでは、単なるマイホームです。しかし、例えばマンション数戸や１棟を保有し、そのうちの１戸の部屋に住むのなら、家賃の節約になり、また、自分の保有物件の空室率を下げることにもなるので、投資の一つと言えます。

指標を知ることが大切

以上の三つの方法をどれだけ上手に効率的に実践できるかで、投資における収益性が決まります。そこで大事になってくるのが「利回り」などの指標です。利回りは、預貯金をはじめ投資全般に使われる用語で、お金の増える率を表します。いくらのお金を投資して、年に何％の収益が得られるかを表す数値のことで、以下の式から求めます。

利回り（％）＝年間の収入÷取得価格× 100

不動産投資の場合、利回りと言っても複数存在します。主なものは**「表面利回り」**と**「実質利回り」**の二つ。

さらに利回りと同じく重要視される指標に**「ＲＯＩ」**があります。ROI を求めるには、「キャッシュフロー」も知る必要があります。それぞれの意味を正確に理解して使うことができなければ、「物件を買ったけどあまり儲からなかった」とか、「マイナスになってしまった」という事態になることもあります。

不動産投資を行うには、**表面利回り・実質利回りの計算が不可欠**です。また、融資を利用するのであれば ROI も計算する必要があります。次のページからは、各指標の求め方について詳しく解説していきます。

Paragraph-2

表面（グロス）利回りとは何か？

表面利回りは最も馴染みやすい指標。「家賃収入」から自分の欲しい表面利回りを逆算して購入希望価格を求める計算方法も覚えよう。

よく使われる「表面利回り」

表面利回りは、**「グロス利回り」「想定利回り」「見込み利回り」**という呼び方をされることもあります。

表面利回り（%）＝家賃収入÷物件価格× 100

で算出できます。購入時や日々の管理にかかってくる税金・諸費用等を一切含めていないので、実際に手元に入ってくるお金を正確に表すものではありません。

ただ、計算が手軽にできるため、よく使われる指標の一つです。マイソクと呼ばれる不動産の販売資料や広告に掲載されている利回りは、ほとんどがこの表面利回りです。

表面利回りを計算してみよう

では、実際の物件の例をもとに、実際に表面利回りを計算してみましょう。

図 19 の物件は 3000 万円の価格がついていますが、実際には 2800 万円に値切って購入しました。家賃は月額 20 万円とします。

これを計算すると、20 万円× 12 カ月 ÷ 2800 万円× 100％ = 8.571％

図19 物件のチラシ

売りマンション

◎日当り良好
◎即入居可

価格 3,000 万円

JR○○線 ×× 駅徒歩 5 分
地下鉄○○線 ×× 駅徒歩 10 分

MAP

所在地	住居表示	世田谷区■■
	登記簿	世田谷区■■
建物	構造	RC
	総戸数	189 戸
	建物階	15 階建て /2 階部分
	築年月	1990 年 10 月
	専有面積	67.27 ㎡ (壁芯)
		バルコニー 9.62 ㎡
	現況	空室
	明け渡し	即時
土地	利用形態	所有権
維持費	管理費	6,000 円
	修繕積立金	4,000 円
管理	管理方式	委託管理

国土交通大臣 (10)0000 号　(社) 不動産流通経営協会会員
XYZ 不動産株式会社　東京支店
取引態様 : 媒介 (専任)
物件担当者 : 山田
〒100-0000　東京都世田谷区■■■　TEL　03-000-000　FAX　03-000-000

したがって、この物件の表面利回りは8.57％ということになります。実際はここから諸費用や税金の支払いがあるため、実質利回りはより低い数値になります。

家賃から逆算して価格を求める

表面利回りの計算式は、少し違う使い方もします。物件価格というのは決まったものではありません。広告に載っている価格は売主の希望額であり、実際には値引きが可能なことも多いからです。さらに家賃も、現時点で20万円だとしても、引き続きその家賃が入ってくるとは限りません。そこで家賃や利回りを自分なりに想定し、そこから逆算して購入価格を求めていく作業が必要になります。その際に表面利回りの計算式を応用します。

まず、自分の欲しい物件が、実際にはどれくらいの家賃が取れそうなのかをリサーチします。「Yahoo！不動産」や「アットホーム」といった賃貸情報のサイトで、最寄り駅からの距離、間取り、築年数などで似たような物件と比較し、それをもとに家賃の仮説を立てます。

そこで、やはり20万円の収入が見込めそうとなったら、次に自分がどれくらいの表面利回りにしたいかで物件の購入希望価格を決定します。例えば、9％の表面利回りにしたいなら、

20万円×12カ月÷9％＝2666.66万円

となります。

この物件を表面利回り9％の物件として購入したいなら、2667万円以下に値切って買付申し込みをする必要があります。このように物件価格は自分で算出することができるのです。もちろんその金額で買えるとは限りません。しかし、利益の上がる投資のシナリオづくりをするためには、自分の意思で家賃、利回り、物件価格を決めることが欠かせないのです。

Paragraph-3

不動産を購入する時にかかる諸費用・税金は？

「実質利回り」を算出する前には、購入時・運営時にかかるコストの中身を知る必要がある。

実質利回りを求める

前ページの「表面利回り」は計算が簡単で馴染みやすい数値ですが、判断材料の一つにすぎません。実際に手元に入ってくる金額を把握するためには、日々の運営にかかるコストや取得時の諸費用・税金などを加味した「実質利回り」を求める必要があります。

そこで、実質利回りの計算に必要な諸費用・手数料について解説していきます。先ほどの事例の物件を参考に、ご自分でも計算してみてください。不動産購入時の諸費用には次のようなものがあります。

○仲介手数料
○印紙税
○司法書士手数料
○登録免許税
○不動産取得税

仲介手数料

不動産会社に払う仲介手数料は、次のページにあるような体系が基本となっています。2800万円の物件なら、３％＋６万円で、別途消費税がかかります。

印紙税

「不動産売買契約書」に貼付する収入印紙代も支払う必要があります。2800万円の物件なら、1.5万円です。印紙税はそれ自体が税金なので、消費税はかかりません。

司法書士手数料、登録免許税

不動産を購入したら、所有権を移転する必要があります。その手続きをしてくれる司法書士に払う報酬が、司法書士手数料です。司法書士手数料は、登記の種類や数によって変わってきます。

また、依頼する司法書士によって多少の差がありますが、およそ10万～20万円くらいでしょう。登記にかかる税金が登録免許税です。購入価格に対してではなく、市町村が決めている「固定資産税評価額」に対して２％かかってきます。

固定資産税評価額は、不動産会社に問い合わせて確認します。今回のケースでは、2800万円に対して評価額1400万円、それに２％をかけて28万円かかったものとします。

不動産取得税

忘れた頃にやってくるのが不動産取得税です。購入後半年くらいに物件のある都道府県から納付書が送られてきます。評価額の４％とかなり大きな額になるので現金を残しておく必要があります。事例の物件では、評価額1400万円に対する４％で56万円かかったとします。

その他の費用

以上が不動産を取得する際にかかってくる主な諸費用・税金になります。これ以外にかかる費用としては、リフォームが必要な場合にはリフォーム費用がかかってきます。

火災保険、地震保険に入った場合は、一括払いの場合には取得費用に上乗せして計算します。分割払いの場合には家賃収入から差し引いて計算します。

銀行から融資を受けて購入する際には、ローン事務手数料、ローン保証料等がかかってきます。

表5 不動産を購入する時にかかる諸費用・税金

仲介手数料

購入価格	手数料率
～200万円	5％＋消費税
200万～400万円	4％＋2万円＋消費税
400万円～	3％＋6万円＋消費税

登録免許税、不動産取得税

	固定資産税評価額に対して	支払い時期
登録免許税	2%	購入時
不動産取得税	4%	購入から3カ月～6カ月後

契約金額に対する印紙税額

契約書に記載された契約金額	印紙税額
1万～10万円以下	200円
10万～50万円以下	400円（200円に軽減＊）
50万～100万円以下	1000円（500円に軽減＊）
100万～500万円以下	2000円（1000円に軽減＊）
500万～1000万円以下	1万円（5000円に軽減＊）
1000万～5000万円以下	2万円（1.5万円に軽減中※）（1万円に軽減＊）
5000万円～1億円以下	6万円（4.5万円に軽減中※）（3万円に軽減＊）
1億～5億円以下	10万円（8万円に軽減中※）（6万円に軽減＊）
5億～10億円以下	20万円（18万円に軽減中※）（16万円に軽減＊）

※印紙税の軽減措置はH30年3月31日まで
＊H26年4月1日からH30年3月31日まで

Paragraph-4

不動産を貸す時にかかる諸費用・税金は？

貸し物件を運営していく上でのランニングコストにもいろいろある。それぞれの内容や金額を把握しておこう。

ランニングコストにはどんなものがあるか

不動産を貸す時にかかる費用、つまりランニングコストには**「管理費」「修繕積立金」**等があります。また、不動産を購入した後で定期的にかかってくる税金には、**「固定資産税」「都市計画税」**があります。

○管理費・修繕積立金（管理組合への支払い）
○管理費（管理会社への支払い）
○固定資産税
○都市計画税
○所得税・住民税

管理費・修繕積立金（管理組合への支払い）

区分所有マンションを購入した場合、管理組合に対して管理費や修繕積立金の支払いが必要になります。「管理費」とは、その名の通りマンションの維持・管理に利用される費用です。エレベーターやエントランスなど共用部分の清掃・保守点検料、共用部分の水道光熱費などが含まれています。

定期的な修繕工事にかかる費用を積み立てるものが「修繕積立金」です。外壁などの塗り替え、給排水管の取り替えといった修繕費用として使用されます。ちなみにマンション１棟を買った場合、修繕積立金はかかってきませんが、自分のマンションなので、自分で独自に積み立てることになります。

管理費・修繕積立金は値上げされることもある

積立金は、マンションの管理組合が話し合いのもとで決定しています。管理組合の話し合いによっては、値上げが行われることもあります。

買った後に値上げがあったら、当初の計画が狂ってしまいます。そうならないためにも、不動産会社を通して、あるいは自分で管理組合に連絡し、値上げ予定や積み立て状況を確認しておくことが必要です。たいていの場合、管理組合の議事録などに記載されています。

新築マンションでは一般的に、物件を魅力的に見せるために当初の修繕積立金を少なめに設定しています。この場合、将来的に値上げされる可能性が高いと言えます。

不動産管理会社に払う管理費（管理委託費）

上記の管理費・修繕積立金は、“マンションの共有部分に対する管理”費用です。一方、その部屋を賃貸住宅として他人に貸し、家賃の徴収やクレーム処理などを不動産管理会社に任せる場合、“入居者に対する管理”費用が別途必要になります。「管理委託費」などとも呼ばれます。マンションやアパートを１棟自己所有する場合には、共有部分の管理費も含めて管理会社に委託を行います。

管理委託費は管理会社との契約によりますが、家賃の５％前後が相場です。管理会社によってサービス内容は微妙に変わるので、契約時に確認しておきます。

もちろん、自分で家賃回収やクレーム処理をする人は、この費用は払わずに済みます。しかし、クレーム対応や家賃管理の手間などを考えると、手数料を払ってプロに任せてしまったほうが安心です。

固定資産税・都市計画税

固定資産税とは、土地や建物に対して課される税金のことで、都市計画税とは、市街化区域内の土地や建物に対して課される税金のことです。固定資産税・都市計画税は、固定資産税評価額をもとに算出されます。

税率と支払い時期は、それぞれ下図の通りです。それぞれの税率は、購入価格に対してではなく、固定資産税評価額に書かれている金額に対してかかってきます。その物件が所在する市町村から納税通知が送られてくるので、それをもとに年4回に分けて納めます。

固定資産税・都市計画税は合わせて1.7%ですが、実際に支払う金額はそれよりも少なくなるケースが多いようです。さまざまな軽減特例があるためです。およそ固定資産税評価の1.7%以下と覚えておけばよいでしょう。事例の物件の場合、1400万円×1.7%＝23.8万円かかっています。

図20 不動産を貸す時にかかる諸費用・税金

管理費・修繕積立金（管理組合への支払い）
管理組合の規定による

管理委託費（不動産管理会社への支払い）
家賃の5%前後

固定資産税・都市計画税の税率

	固定資産税評価額に対して		支払い時期
固定資産税	1.4%（下限）	合計1.7%	毎年
都市計画税	0.3%（上限）		

Paragraph-5

実質利回り（ネット利回り）とは何か？

不動産購入時・運営時のコストがわかれば、実質利回りを算出できる。表面利回りと比較してどれくらいの差があるかに着目しよう。

実質利回りを計算する

前ページまでで解説した、不動産購入時・不動産運営時にかかる諸費用や手数料を加味した上で計算する利回りが**「実質利回り（ネット利回り）」**です。より現実の収支に近い金額を求めることができます。実質利回りを計算する際は、ひとまず空室率*は無視します。また、突発的な修繕費、月々のローン返済額、家賃収入にかかる所得税・住民税も無視します。誰が購入しても同様にかかってくる部分だけで計算します。

実質利回りを計算する

実質利回りを求める式は以下の通りになります。

家賃収入（実質）＝

（月額家賃－管理費等）× 12 カ月－固定資産税－都市計画税

物件価格（実質）＝

購入価格＋仲介手数料＋印紙税＋司法書士手数料＋登録免許税＋不動産取得税＋（必要に応じて）リフォーム費用

実質利回り（％）＝家賃収入（実質）÷物件価格（実質）× 100

事例の物件で計算していくと、次ページの図の通りになります。な

＊空室率…所有する不動産物件の戸数に対する空室の割合。この割合をゼロに近づけることが不動産経営の重要なテーマ。

お、わかりやすくするため、端数は切り捨てています。

図21 実質利回り計算の例

(A)

家賃収入（実質）	=	月額家賃		管理費等			固・都市税
2,040,000円		〔200,000	−	10,000〕	× 12カ月		−240,000

(B)

物件価格（実質）	=	購入価格	仲介手数料	印紙税	司法書士報酬	登録免許税	不動産取得税
29,940,000円		28,000,000	+945,000	+15,000	+140,000	+280,000	+560,000

※仲介手数料にかかる消費税は5%で計算しています。

実質利回り		家賃収入（実質）		物件価格（実質）	
6.81%	=	**(A)**	÷	**(B)**	**×100**

図21（B）のように、2800万円だった物件価格が、さまざまな諸費用を含めると約3000万円になってしまいました。この結果、表面利回りは8.57%でしたが、実質利回りにすると6.81%まで下がってしまいました。

ちなみに家賃から引かれる諸費用は、区分所有のマンションのほうが割合として大きくなる傾向にあります。家賃の額にかかわらず一定の管理費が必要になるためです。土地付き1棟もの物件の場合、管理費や修繕積立金は自分でコントロールできるため、数字を良くすることが可能です。

Paragraph-6

ROIを理解するのに必要な「税金」「返済」「減価償却費」

不動産投資の重要な指標「ROI」を理解するには、そこに含まれるさまざまな要素を理解する必要がある。まずは税金・返済・減価償却費だ。

「レバレッジ」のメリットを享受できる

さて、実質利回りの計算方法を解説してきましたが、以上の計算には銀行へのローン返済を考慮していません。実際には、銀行から融資を受けて物件を買ったほうが不動産投資の「レバレッジ」というメリットを享受できます。簡単に言ってしまえば、融資を受ける額が大きければ大きいほど、効率よくお金を増やせる傾向にあるということです。その効率性を図る指標が**「ROI（Return On Investment）」**です。

ROIとは何か？

ROIは、不動産投資においては「**最初に出した自己資金を、1年当たりでどれくらい回収できたか？**」を表し、以下の計算式で求めます。

ROI（%）＝年間キャッシュフロー÷最初に払った自己資金×100

後ほど説明しますが、不動産投資で言う「キャッシュフロー」は、税金を払いローン返済をした後に実際に手元に残った金額のことを指します。ROIを割り出すには、このキャッシュフローを算出する必要があり、そのためには**「税金」「返済額」「減価償却費」**の三つの数字を正確に理解する必要があります。では順を追って説明していきましょう。

税金（所得税・住民税）

不動産購入時や購入後にかかってくる税金についてはすでに説明しました。ここで言う税金とは、不動産を貸し付けたことによって得た家賃収入（不動産所得）にかかってくる所得税・住民税のことです。不動産所得は、「不動産収入」から「不動産収入を得るために必要とした経費」の額を差し引いて計算します。

不動産所得＝収入金額－必要経費

不動産所得には、所得金額に応じて税率が高くなる超過累進税率が適用されます。したがって、必要経費として扱える部分が多ければ多いほど、不動産所得の金額を少なく抑えることができ、結果として節税になります。

ですから「必要経費」になる支出は、節税効果のある支出としてとらえることができます。前述した管理費・修繕積立金、固定資産税・都市計画税、印紙税、登録免許税、不動産取得税のほか、不動産賃貸にかかる損害保険料も経費にすることができます。

返済額

月々のローン返済額のうち、利子にあたる部分は経費とすることができます。一方で、返済額のうち元本にあたる部分は、自分の資産を手に入れるために払っていることになるので、必要経費とは認めてもらえません。

返済額を利息と元本に分けて手作業で計算するのは大変です。銀行のホームページなどでローンシミュレーションのコーナーがあるので利用しましょう。

減価償却費

減価償却費は、不動産の土地・建物のうち「建物」に関係してくるもので、実際の支出は伴わないのに「経費」として認められるお金です。建物は時間の経過によって価値が減少するので、減少する分を税務上の必要経費として計上できるものです。減価償却費は手元に資金を残しつつ経費を計上できるので、キャッシュフローを向上させるための重要なポイントとなります。次で詳しく解説します。

図22 利回りを知るためには
キャッシュフローを算出する必要がある

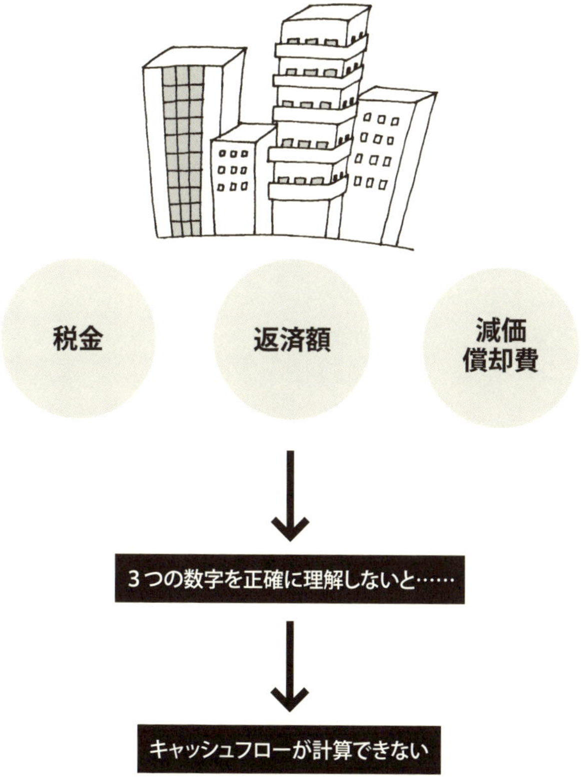
税金
返済額
減価償却費
3つの数字を正確に理解しないと……
キャッシュフローが計算できない

Paragraph-7

減価償却費を理解する

減価償却費はキャッシュフローにプラス効果をもたらす。計算方法をきちんと覚えて投資を有利に進めよう。

減価償却費を計算する

建物や車などの資産は時間の経過によって古くなり、その価値が減っていきます。このような資産を「減価償却資産」といいます。いくら時間が経過しても古くなり価値が減ることのない土地は、減価償却資産ではありません。減価償却資産を取得するのにかかった金額を、税法で定められた「法定耐用年数」にしたがって、一定期間にわたって必要経費として計上していく手続きのことを「減価償却」といい、その計上する金額を「減価償却費」と言います。

減価償却費は、実際にお金が出ていくわけでもないのに経費として計上できる費用なので、上手に扱うことでキャッシュフローを向上させることができます。

事例の物件の場合、2800万円のうち、「建物にあたる部分」が減価償却資産になります。土地・建物の金額は固定資産税評価証明書に記載されています。ただ、物件購入前は手に入れることができないので、不動産会社に金額を聞く必要があります。

事例の物件では土地・建物合わせた評価額が1400万円で、このうち建物部分が600万円、土地部分が800万円でした。つまり建物割合は1400分の600となります。実際に購入した金額は2800万円だったので、

2800万円×600／1400＝1200万円

1200万円が建物部分の金額ということになります。この1200万円を、使用可能な期間「法定耐用年数」に割り当てて、分割して必要経費とし

ていきます。法定耐用年数は以下の表6のように定められています。

表6　主な建物（住宅）の耐用年数

構造		法定耐用年数（新築の場合）	中古の場合
SRC、RC		47年	（法定耐用年数－経過年数）＋経過年数×20% ※小数点以下は切り捨て ※耐用年数オーバーの場合は、一律、左の20%（最低でも2年）
金属造	肉厚4mm以上	34年	
	肉厚3～4mm	27年	
	肉厚3mm以下	19年	
木造		22年	

例えば、築18年のRC造の物件の場合、47年－18年＋18年×0.2で、32.6年。耐用年数が32年とわかります（端数切り捨て）。先ほどの1200万円を32年で割った「375,000円」が、1年当たりの減価償却費として計上できる金額になります。

耐用年数の過ぎた物件は節税効果がある

法定耐用年数がすでに過ぎてしまった物件の場合は、法定耐用年数の20％を耐用年数とすることができます。木造なら、22年×20％＝4.4年で、耐用年数は4年となります。

こういった物件を買った場合、建物金額をわずか4年で償却していくので、1年当たりの減価償却費が大きくなり、非常に大きな節税効果が生まれます。そのため、こうした物件を節税目的で購入し、4年保有した後に売却するといった使い方も考えられます。

ただし、節税しすぎてほとんど税金を納めていない状態では、金融機関への印象が悪くなり、融資に不利となります。2件め、3件めと物件を増やしていこうと考えている人には、お勧めできない手法です。また、耐用年数が過ぎた築古の木造物件は銀行の融資が受けづらいため、購入時に多くの自己資金が必要になるというデメリットもあります。

Paragraph-8

キャッシュフローとは何か？

最終的に手元に現金がいくら残ったかを表す「キャッシュフロー」。計算式は複雑だが必須項目と考えてぜひマスターしたい。

キャッシュフローの計算

いよいよ「キャッシュフロー」の計算に入ります。キャッシュフローは実際に手元に残るお金のことを指します。キャッシュフローは、「実質利回り」の項で算出した実質家賃収入に、「税金」「返済額」「減価償却費」を加味することによって算出されます。具体的な計算式は下図のようになります。

図23　キャッシュフローの計算式

[A] 家賃収入（実質）＝ 家賃収入（表面）－ 管理費＋修積金＋固・都税＋委託管理費＋その他経費

[B] 税引前利益 ＝ [A] － 返済利子 － 減価償却費

[B] － 税金（所得税＋住民税）＝ [C] 税引後利益

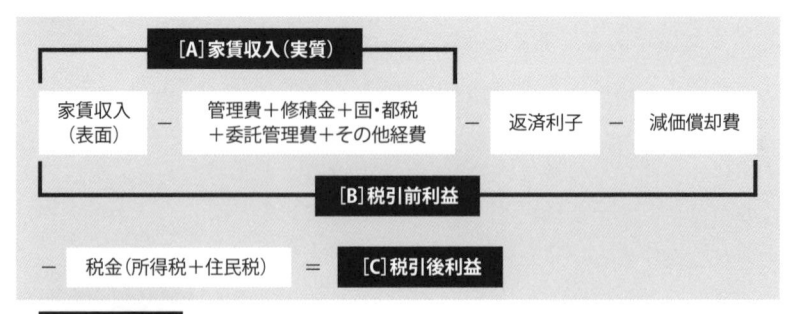

[C] 税引後利益 ＋ 減価償却費 － 返済元本 ＝ **キャッシュフロー**

減価償却はキャッシュフローに対して プラスの効果がある

複雑なように見えますが、一つ一つ解いていけば、そう難しくはありません。では見ていきましょう。

左ページの図の計算式を見ると、大きなパートとして、「**［A］家賃収入（実質）**」「**［B］税引前利益**」「**［C］税引後利益**」があるのがわかります。

［A］家賃収入（実質）については、「実質利回り」の項で解説しました。

［A］家賃収入（実質）から「返済利子」「減価償却費」を引いたものが、［B］税引前利益になります。

［B］税引前利益から所得税・住民税を引いて、残ったのが［C］税引後利益になります。住民税率は一律10％ですが、所得税率は人によって異なります。税率については表7を参考にしてください。

［C］税引後利益に「減価償却費」をプラスし、最後に「返済元本」を引くと、キャッシュフローが割り出されます。

「税引前利益」を算出する際にいったん差し引いた「減価償却費」を、なぜ最後にまたプラスするかというと、減価償却費は「税務上の経費として扱うことができるが、実際には支出を伴っていないお金」、いわば架空の経費であり、現金は手元に残っているからです。そこで、キャッシュフローに対するプラス効果として最後に戻してあげるわけです。

表7 所得税率

所得税率

課税所得	税率	控除額
195 万円以下	5%	-
195 万円超～330 万円以下	10%	9 万 7,500 円
330 万円超～695 万円以下	20%	42 万 7,500 円
695 万円超～900 万円以下	23%	63 万 6,000 円
900 万円超～1,800 万円以下	33%	153 万 6,000 円
1,800 万円超	40%	279 万 6,000 円

住民税率

一律 10%

※2013 年（平成 25 年）から 2037 年（平成 49 年）までの 25 年間にわたり、復興特別税として上記に 2.1% が上乗せされる。
　復興特別所得税額　＝　基準所得税額　×　2.1%
※2013 年 11 月 30 日現在。2014 年以降、所得税の増税が検討されていますので税率は変更となる可能性があります。

では、事例の物件をもとにキャッシュフローを算出してみましょう。2800万円の物件に対して、80%相当額の2240万円の融資を受けてこの物件を購入したと仮定します。

【借入金2240万円の場合】

●家賃収入（実質）　204万円／年

●借入金　2240万円（30年・元利均等払い、金利2.5%）

・返済元本　50万円／年

・返済利子　55万円／年

●減価償却費　37.5万円／年

●所得税率　23%

●住民税率　10%

家賃収入（実質）、減価償却費は前ページまでですでに計算済みです。返済元本と返済利子については、上記の金額を使用してください。税率については人によって異なります。仮に所得税率23%（＋住民税10%）の人のケースとして計算します。

図24　キャッシュフローの計算例（単位：万円）

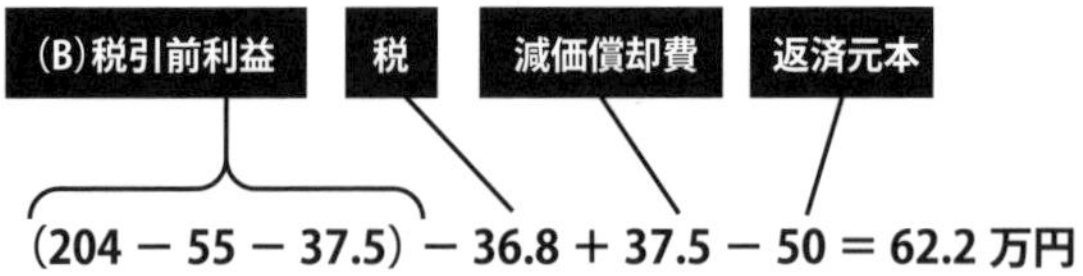

これで年間キャッシュフローが約62.2万円であることがわかりました。ようやくキャッシュフローがわかったところで、ついに「ROI」を算出することができます。計算式は次の通りです。

ROI（%）＝年間キャッシュフロー÷最初に払った自己資金×100

この物件を購入するのにかかった実質物件価格は、2994万円でした。銀行から2240万円の融資を受けたので、最初に払った自己資金は754万円になります。左ページ下の計算式に当てはめると、62.2万円÷754×100＝8.24で、ROIは8.24％であることがわかります。この場合、最初に払った自己資金は約12年で回収できることになります。

ROIは借入額で変化する

表面利回り8.57％、実質利回り6.81％だった物件が、ROIにすると8.24％となりました。しかし、この8.24％は借入額2240万円のときのROIです。借入額を2800万円、2900万円、3000万円にすると、このROIが変化してきます。練習問題として計算してみてください。ここでは答えを書いてしまいますが、借入額によってROIは次のように変化します。

- **借入額2800万円　→　ROI　20.25%**
- **借入額2900万円　→　ROI　37.55%**
- **借入額3000万円　→　ROI　∞（無限大）**

借入額が2800万円だと、自己資金の回収に約5年かかっていたものが、借入額が2900万円になると3年で回収できることになります。借入額が3000万円なら、1円も自己資金を出していないのに毎月の家賃収入を得られることになります。この場合、ROIは無限大であると考えられます。

投資効率で見ると、借入額を大きくしたほうが効率的と言えるのです。ただし、借入額が大きいということはリスクも大きくなります。この数値をどれだけ現実のものにするかが大切です。次のページで解説します。

Paragraph-9

ROIとキャッシュフローを自在にコントロールできる投資家になろう

「返済」「減価償却費」「税金」を都合の良い方向に変化させれば、ROIとキャッシュフローを自在にコントロールすることができる。

「返済」「減価償却費」「税金」の特質を理解する

キャッシュフロー、ROIを正確に理解してはじめて、不動産投資家として最初のステージに立ったと言えます。

次のステージに進むには、ROIを自分にとって都合の良い方向へとコントロールすることが求められます。ROI、キャッシュフローをコントロールするということは、それらの構成要素である「返済」「減価償却費」「税金」の三つの特質を理解し、自分にとって都合の良い方向に操作することです。表にすると以下のようになります。

表8　ROI、キャッシュフローをコントロールするために

		節税効果	ROI向上のために都合の良い方向	そのための方法
返済	元本	なし	⬇（減らす）	返済期間の延長、元利均等払い
	利子	あり	⬇（減らす）	金利交渉、固定金利
減価償却費		あり	⬆（増やす）	契約書の文言
税金		あり	⬇（減らす）	青色申告、プチカンパニーの利用

返済元本・利子をコントロールする

返済元本と返済利子をコントロールすることで、キャッシュフローを向上させることができます。

返済元本に関しては、「元金均等払い」ではなく「元利均等払い」を利用する方法があります。この場合、元本の返済は先送りされますが、キャッシュフローは向上します。また、返済期間を長くとることもプラス効果があります。新築や築浅の物件であれば、銀行も返済期間を長くしてくれます。

ほかに、銀行に交渉して金利を値切る、融資を受ける際の属性を高くする、物件の評価を上げるなどの方法も考えられます。このあたりの考え方は第５章で詳しく解説します。

減価償却費をコントロールする

減価償却費は多ければ多いほどキャッシュフローにとってプラス効果があります。減価償却費は建物に対して決まる費用なので、物件価格に占める建物割合が多いほうが有利です。建物割合を増やすには以下のような方法があります。

・建物割合を売買契約書に記載する

土地・建物の割合は「固定資産税評価額」に基づきますが、売買契約書に土地と建物の内訳が記載されていれば、そちらが優先されます。したがって、不動産会社を通じて売主と相談して同意が得られれば、建物割合を増やすことが可能となります。どの程度の金額にするかは税理士と相談が必要です。

・建物対価証明を発行してもらう

売買契約書ではなく、不動産会社に「建物対価証明書」を発行してもらうという方法があります。「対価証明書」に書かれた評価額も、減価償却費の根拠として使用することができます。

・建物にかかる消費税はどうする？

売主が消費税課税事業者の場合、建物に対して消費税がかかります。事例の物件なら、税込み価格1200万円のうち、約60万円の消費税相当分を売主が納税しなくてはなりません。建物金額が大きくなれば消費税額も大きくなり、手取りが減ってしまうので、建物割合を増やすことを売主は嫌がります。

そこで、その消費税相当分をこちらが出してあげるという方法があります。消費税分と、減価償却費による節税効果を比べて、減価償却費のほうがメリットがあれば、消費税額を払ってあげればいいわけです。これで両者が納得します。

※消費税率は5%で計算しています（2013年12月1日現在）。

税金をコントロールする

所得税・住民税を低く抑えるには「青色申告」「プチカンパニー」といった方法があります。青色申告をすることで、青色申告特別控除が受けられる、家族に支払った給与が経費になる、などのメリットがあります。プチカンパニーは法人化するということです。個人所得の高い人は、法人のほうが税率が低いためメリットがあります。詳しくは第8章で解説します。

正確なシミュレーションをしよう

ここまでROIやキャッシュフローの求め方、その要素となる返済、減価償却費、税金のコントロールの仕方を一通り解説してきました。これらの計算式をマスターし、ROIやキャッシュフローを自在にコントロールすることで、利益が出やすい体質の不動産投資が実現します。ひとまず計算方法をマスターしてください。何度も計算を繰り返すうちに、利益の出る物件、出ない物件の見分けがつくようになります。

ちなみに、解説してきたキャッシュフローは初年度しか計算していません。２年め、３年めで状況は変わってきます。金利が上がったり、空室が出たりするからです。数年経てば家賃も下落していくでしょう。本来はこういった変化を含めてシミュレーションする必要があります。とはいえ、いちいち最初から計算していては面倒です。エクセルで計算シートを自作してもいいですし、市販のソフトを購入するという手もあります。オンラインでシミュレーションサービスを提供している会社もあります。正確なシミュレーションを素早く作ることは重要ですので、利用を検討してみましょう。

Paragraph-10

人口動態と空室率の調べ方

人口が減少する日本にあって不動産投資で成功するには、人口・世帯数の増加率が少しでも高いエリアで勝負する必要がある。

家賃収入がなければ利益は出ない

収益性の指標の次は、「立地の指標」です。いくらROIなどの数字を操作したところで、それが現実のものとなるとはかぎりません。不動産投資において実際にお金をもたらしてくれるのは入居者です。家賃収入があってはじめて成り立つ商売です。自分が物件を買おうとしているエリアの人口推移や空室率は注目しておかなければなりません。

そもそも、この日本が不動産投資を行うのに適しているかどうかという問題があります。最近では日本にいながらにして海外の不動産が買える方法もあり、実践している人もいます。確かに、人口減少が叫ばれ経済成長率の低い日本より、東南アジアなど急成長している国のほうが有

図25　日本人の人口ピラミッド（2010年）

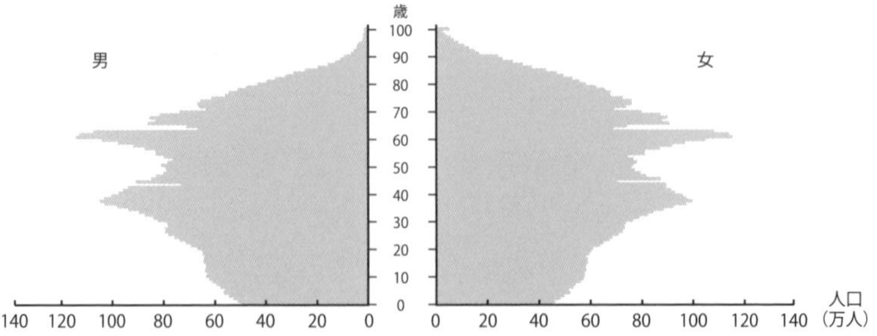

出典：国立社会保障・人口問題研究所

利なように思えます。実際のデータを見てみましょう。

人口ピラミッドを見ると、日本は尻すぼみ状態で、少子高齢化社会へと突き進んでいることがわかります。ちなみに、中国の人口ピラミッドは若者層だけが突出しています。アメリカやニュージーランドは理想的な三角形をしています。人口ピラミッドで見ると、他国に比べて日本は不動産投資をするには決して有利とは言えないのかもしれません。

ただし、金利を比べてみると、日本は最も低金利です。融資を受けて効率の高い投資をする上で、現在の日本は比較的有利な環境にあると言えます。

各国の政策金利

- 米国　0.25%
- ユーロ　0.25%
- イギリス　0.50%
- 豪州　2.50%
- 南アフリカ　5.00%
- 日本　0.10%

※2013年11月現在

エリアごとの人口増加率を見る

日本であればどこで投資してもいいわけではありません。人口が増加傾向にあるエリアのほうが不動産のニーズは高く、空室リスクが低いと考えることができます。都道府県別・市区町村別・駅別・エリア別で、需要の高そうな場所を探していきましょう。こうした情報は総務省をはじめ各自治体などのホームページに掲載されているので参考にしましょう。まずは都道府県別の人口増加率を見てみます。

都道府県別で見ると、人口増減率は愛知県（0.74%）が最も高く、次いで東京都（0.66%）、滋賀県（0.61%）となっており、10都県で増加しています。

表9　都道府県別人口増減率

（単位　%）

人口増減率順位	都道府県	人口増減率[1]		人口増減率順位	都道府県	人口増減率[1]	
		平成23年	平成22年[2]			平成23年	平成22年[2]
	全国	−0.20	0.02	24	茨城県	−0.41	0.00
1	沖縄県	0.59	0.58	25	福井県	−0.42	−0.41
2	東京都	0.28	0.85	25	静岡県	−0.42	−0.46
3	滋賀県	0.19	0.16	27	大分県	−0.43	−0.31
4	埼玉県	0.17	0.46	28	鹿児島県	−0.44	−0.34
5	福岡県	0.14	0.16	29	岐阜県	−0.47	−0.50
6	神奈川県	0.11	0.47	30	長野県	−0.48	−0.45
7	愛知県	0.08	−0.01	31	富山県	−0.50	−0.39
8	千葉県	−0.03	0.59	32	新潟県	−0.52	−0.43
9	大阪府	−0.05	0.12	33	鳥取県	−0.54	−0.59
10	兵庫県	−0.11	−0.04	34	愛媛県	−0.56	−0.44
11	京都府	−0.17	−0.03	35	山口県	−0.61	−0.53
12	広島県	−0.20	−0.13	36	山梨県	−0.65	−0.44
13	岡山県	−0.24	−0.17	37	山形県	−0.66	−0.79
14	熊本県	−0.27	−0.19	37	長崎県	−0.66	−0.48
15	石川県	−0.30	−0.06	39	徳島県	−0.67	−0.56
16	奈良県	−0.35	−0.22	40	島根県	−0.71	−0.52
16	佐賀県	−0.35	−0.35	41	和歌山県	−0.72	−0.55
18	北海道	−0.37	−0.31	42	青森県	−0.77	−0.73
18	宮崎県	−0.37	−0.21	43	高知県	−0.78	−0.56
20	栃木県	−0.38	−0.16	44	宮城県	−0.91	0.02
20	群馬県	−0.38	−0.28	45	秋田県	−1.03	−0.97
22	香川県	−0.39	−0.35	46	岩手県	−1.21	−0.74
23	三重県	−0.40	−0.51	47	福島県	−1.93	−0.61

（出典：総務省「平成23年10月1日現在」）
http：//www.stat.go.jp/data/jinsui/2011np/

ここでは埼玉県を例にさらに詳しく調べていきましょう。埼玉ならどの市町村でも増加しているというわけではないので、今度は地域ごとに調べてみる必要があります。

市区町村の人口増加率は各自治体のホームページで確認できる場合があります。また、「国立社会保障・人口問題研究所」のホームページでは、日本および各都道府県・市町村別の将来推計人口を見ることができます。

国立社会保障・人口問題研究所　将来推計人口

http://www.ipss.go.jp/syoushika/tohkei/Mainmenu.asp

ここでは例として、埼玉県川越市のホームページに掲載されている「月別・男女別人口と世帯数」を挙げました。

表10　埼玉県川越市の「月別・男女別人口と世帯数」（川越市ホームページより）

平成14年

	世帯数	人口総数	男	女
平成14年1月1日	122,921	329,533	166,364	163,169
2月1日	123,009	329,648	166,380	163,268
3月1日	123,090	329,731	166,385	163,346
4月1日	123,070	329,180	166,079	163,101
5月1日	123,809	329,802	166,419	163,383
6月1日	123,960	329,935	166,441	163,494
7月1日	124,121	330,107	166,535	163,572
8月1日	124,239	330,195	166,538	163,657
9月1日	124,383	330,304	166,592	163,712
10月1日	124,449	330,294	166,606	163,688
11月1日	124,656	330,401	166,665	163,736
12月1日	124,717	330,422	166,667	163,755

平成24年

	世帯数	人口総数	男	女
平成24年1月1日	143,813	344,900	173,277	171,623
2月1日	143,911	345,033	173,355	171,678
3月1日	144,027	345,123	173,402	171,721
4月1日	144,464	345,296	173,443	171,853
5月1日	144,933	345,655	173,580	172,075
6月1日	145,078	345,791	173,658	172,133
7月1日	145,236	346,018	173,733	172,285
8月1日	145,262	346,009	173,728	172,281
9月1日	145,378	346,029	173,716	172,313
10月1日	145,528	346,170	173,826	172,344
11月1日	145,678	346,368	173,920	172,448
12月1日	145,813	346,635	174,055	172,580

平成14年と平成24年の1月1日の数値を見ると、人口は約1.5万、世帯数は約2万増えています。核家族化で世帯数が増加したためでしょう。世帯数が増えれば住む家もそれだけ必要になります。その意味で、世帯数は人口と並んで重視するべき指標です。

最後に駅別の需要をチェックしましょう。駅別の不動産需要を図る指標は「乗降客数」です。乗降客数は各電鉄会社のホームページで確認できます。一般的に**5万人以上の乗降客数がある駅であれば不動産投資に有利**と言われています。

空室率を調べる

以上のようにして、駅別の需要動向までを絞り込むことができました。さらに最寄り駅が同じでも、人気のエリアとそうでないエリアがあり空室率も異なります。おおまかな需要や空室率を調べる方法を下記に挙げました。このようにして空室率を予測することで、シミュレーションがより現実に近いものとなります。

・賃貸情報サイトで調べる

Yahoo！不動産やアットホームなどで調べたい駅・条件で検索し、物件の数や家賃相場を調べます。検索結果に出てくる物件数が多ければ競争率が高いと言えそうです。ただし、この方法では空室率はわからないので、実際に現地に行って調べる必要があります。

・近隣の物件を現地調査

直接、現地に行ってターゲットとするエリアを調査します。物件の現地調査の際に合わせて行えばいいでしょう。非常にアナログな方法ですが、近隣のマンション・アパートの郵便受けや電気メーターを見て、住人の有無を確認して空室率を割り出します。80戸あるマンションなら、そのすべての電気メーターを見て回るのはたいへんですので、集合郵便受けを見て、およその空室率を判断します。

Paragraph-11

地価の動向（過去～将来）を知っておこう

公示価格、路線価など、一つの物件に複数の価格が付けられる不動産。それぞれの価格の特徴や利用されるシーンを把握しておかなければならない。

地価動向を摑んでおく

地価はそのまま家賃や物件の収益性に反映するわけではありませんが、将来的に値上がりしてくれたほうが売却時に有利です。自分が投資しようとしているエリアの地価動向を摑んでおく必要があるでしょう。

路線価を見る習慣をつける

土地は１物３価とも１物４価とも言われるほど、同じ物件に対して複数の価格が存在します。その代表的な価格が以下の４種です。

表内の「価格バランス」は公示地価に対する割合目安を示しています。例えば「路線価」なら公示地価の８掛け程度になります。不動産投資をする上で重視されるのは、この路線価です。路線価はほとんどのエ

表11　代表的な地価の指標

	実施機関	基準日	価格バランス
公示地価	国土交通省	毎年1月1日	100
基準地価	都道府県	毎年7月1日	100
路線価	国税庁	毎年1月1日	80
固定資産税評価額	市町村 （東京23区は東京都）	基準日の前年の1月1日 （3年ごとに評価替え）	70

リアを網羅しているからです。国税局のホームページ（http://www.rosenka.nta.go.jp/）で過去３年分の路線価を調べることができます。

過去３年分の路線価を見て、その数字が横ばいか上昇しているほうが望ましいと言えます。下がっている場合は、将来的な下落リスクも高いと考えます。路線価は銀行融資を受ける際の材料にもなるので、調べ方はマスターしておきましょう。

「固定資産税評価額」は公示地価に対して７割程度の金額になります。固定資産税や不動産取得税などの基礎となる価格です。

さらにこれらに加え、実際の取引を参考にした「実勢価格（時価）」があります。一般的に、それぞれの価格の大きさは以下のような順で並ぶことになります。

実勢価格＞公示地価＞路線価＞固定資産税評価額

したがって、固定資産税評価額よりも安い値段で売りに出されている物件があれば、お買い得な可能性が高いと考えられます。土地評価の仕組みについては第５章で詳しく解説します。

Column

「私はこうして大家さんになりました！」その③

住居中心から店舗中心の戦略へシフト

Ｉ・Ｙさん（53歳・会社員）

――Ｉ.Ｙさんが持っている物件の概要について教えてください。

区分店舗１軒、アパート２棟、マンション２棟の順に購入し、現在も保有しています。合計の価格は1.6億円で、現在の借入金額は1.5億円程度です。表面利回りは約11％になります。

――最初に買った物件のエピソードを教えてください。

最初に買ったのは店舗でした。購入後２カ月でテナントさんが出ていってしまい、その後半年間テナントさんが決まらず、かなりあせりました。しかも、次のテナントさんは２カ月の開店準備をして開業したのですが、諸事情によりわずか１日で営業を中止してしまい……。その後なんとか持ち直して現在に至りますが、とんだ災難でした。

――不動産投資をして良かったと思うことは？

何と言っても不労所得が稼げることでしょう。いろいろな費用を必要経費にできることも節税メリットがあります。また、サラリーマンだけをやっている時より視野や人脈が広まったことも大きなメリットです。

――自分なりにこだわっている点があれば教えてください。

チームプレーですね。自分１人の力でできることには限度があります。人に任せられることは、極力自分でやらないようにして、効率を高めるようにしています。

――これからやりたいことは？

店舗系・住居系の物件を持ってみて両者の特徴がわかりました。住居系物件はリフォーム費用がかさむのと、設備・間取りに流行がありますが、店舗はそのデメリットがありません。今後は住居系物件を減らして店舗系物件を増やしていきたいと思います。

第３章のまとめ

◎不動産でお金を増やすには、１．家賃収入でお金を増やす（＝インカムゲイン）、２．物件を安く買って高く売り、差益を得る（＝キャピタルゲイン）、３．自宅として使用して、家賃を節約する（＝インカムゲインの応用系）の３つの方法がある。

◎不動産投資で成功するためには、「表面利回り」「実質利回り」「ROI」などの各指標を知ることが大切。

◎不動産を購入する時にかかる諸費用・税金には、仲介手数料、印紙税、司法書士手数料、登録免許税、不動産取得税などがある。

◎不動産を貸す時にかかる諸費用・税金には、管理費、修繕積立金、委託管理費、固定資産税、都市計画税、所得税・住民税などがある。

◎ ROIを割り出すには、キャッシュフローを算出する必要があり、そのためには「税金」「返済額」「減価償却費」の三つの数字を正確に理解する必要がある。

◎「税金」「返済額」「減価償却費」を都合の良い方向に変化させれば、ROIとキャッシュフローを自在にコントロールすることができる。

良い物件をどうやって見つけるか？

～物件検索、現地調査のやり方

Paragraph-1

掘り出し物件はこうして探す

～物件検索の方法

収益物件を購入するまでで一番労力がかかるのが、物件情報収集と現地調査。多くの情報を集め、多くの物件を見ることで、成功の確率は高くなる。

不動産を購入するまでの流れを知る

いよいよ実際の物件選びの話に移っていきます。物件を選んで買い付け申し込みするまでの流れは以下のようになります。この章ではそれぞれの過程でやるべきことを解説していきます。

図26 物件を取得するまでの流れ

取得方針策定	予算、場所、建物構造等、大まかなターゲットを決める
物件検索	インターネットを中心に情報を集める
資料請求	不動産会社に問い合わせて販売資料をFAXしてもらう
現地調査	集めた情報の中から現地に行って視察する物件を選ぶ
投資計画作成	投資にふさわしい物件かどうかをシミュレーションする
買い付け申し込み	不動産会社に買付申込書を提出する

大失敗は許されない！

物件選びを始める前に前提として覚えておきたいのは、不動産投資において「大失敗は許されない」ということです。

株であれば、買った後に自分の予想と反対の値動きになっても、すぐ損切りすればダメージは最小限で抑えられます。しかし不動産ではそうはいきません。１回の投資金額は大きく、買った後で失敗したと思っても、売るのに数カ月かかります。また全体の投資金額における諸経費は物件価格の10％近くかかります。「大失敗は許されない」は大げさかもしれませんが、**失敗から撤退する際のダメージが大きいのが不動産投資**なのです。

低額物件の複数購入でリスク分散

これに対処するには、１回当たりの投資金額を小さくして分散させるという方法があります。最初から１億円の物件で始めて、それが仮に失敗したとなると、ダメージは甚大です。しかし小さい物件を10戸持っていれば、そのうち１戸でトラブルが起きても、全体に与える損害は少なくて済みます。

ただし、これにはデメリットもあります。低額の物件を数多く保有するということは、それだけ物件の取得・運営に時間と手間がかかるわけです。管理費など経費も割高になりがちです。

低額物件と高額物件のメリット・デメリットを理解し、まずは取得方針を決める必要があるでしょう。高額物件を買おうとする場合は、より吟味して間違いのない決断をしなければなりません。

「1000：100：10：３：１」の法則

もう一つ、失敗を避けるための策としては、「とにかく数多くの物件を見ること」です。10件ではなく100件、1000件と見る物件を増やせば、それだけお宝物件に当たる可能性は高くなります。

ニュージーランドの著名な不動産投資家、ドルフ・デ・ルース氏の言葉に「100：10：３：１の法則」があります。100件の物件を見学し、そのうち10件に買付申込書を出し、３件に融資の手配をして、最終的に１件が買える、というものです。本書ではこれに1000件の販売資料を見ることをプラスして、「**1000：100：10：３：１の法則**」を実行することをお勧めします。

実際に1000件の情報を集め、100件を見て回るのは根気の勝負になります。途中で挫折してしまうかもしれません。そこでお勧めの方法は、歯磨きをしたりスポーツクラブに通うのと同じように習慣化することです。１週間のうち平日は物件情報を20件ほど見て、週末にそのうちの２件の物件を見学に行きます。週に２件見れば、１年で100件を達成できます。「100件達成すれば必ずや不動産投資は成功する」と考えれば、モチベーションも高くなります。

おそらく物件を見始めて、最初の頃はなかなか「これだ」というものに巡り合わないでしょう。１、２カ月でいい物件に当たることはまずないと考えてください。すると次第にあせりが出てきます。しかし、そこでやめてはいけません。あきらめずに継続していくことで、「これはいい！」という物件がいずれ目の前に出現します。そのチャンスをものにできれば、成功は約束されたようなものです。

物件検索と現地調査の繰り返し、これが不動産投資の成功の９割を占めます。事前準備にいかに時間と手間をかけられたかで、買った後にどれだけ楽できるかが決まります。

Paragraph-2

物件の取得方針を立てよう

予算、間取り、利回り、駅からの距離など、収益物件にもさまざまなタイプがあり、メリット・デメリットがある。よく理解して自分なりの方針を立てよう。

どんな物件が欲しいのか？

インターネットなどに出回っている収益物件は数限りなくあり、価格もタイプもさまざまです。そこで、物件の情報を検索する前に、自分がどんな物件が欲しいのか、おおまかなイメージを決めておく必要があります。自分の状況に照らし合わせながら物件の取得方針を考えていきましょう。

あなたの方針を決めよう

○区分所有物件か？　１棟ものか？

○１部屋当たり何平方メートル以上？（ワンルームかファミリータイプか）

○オーナーチェンジか？　空室か？

○駅から徒歩何分以内にするか？

○利回りを何%以上にするか？

○エリアはどのあたりにするか？

○物件の構造は？（木造か RC か）

○築年数は？

○予算は？（500 万円、1000 万円、3000 万円、5000 万円、……）

区分所有物件か？　１棟ものか？

手軽に不動産投資を始めるのに適しているのは、区分所有マンションです。一方、小規模なマンションやアパート１棟を丸ごと買うという方法もあります。それぞれのメリットとデメリットは下図の通りです。区分所有物件には、土地の持ち分が少ない、建て替えが自分ではできないなど多くの制約があり、その結果、融資が獲得しづらいというデメリットがあります。そのため、不動産投資家からは区分所有物件は敬遠されがちです。

これを逆に考えれば、1棟ものより競争率は高くないということが言えます。1棟ものは多くの投資家が狙っていますから、必然的に取り合いになります。

区分所有物件と1棟もの、どちらかを選ぶかはその人の予算、スキルなどによって変わってきます。最初は区分所有物件を増やしていき、ある程度、家賃収入が得られるようになったら1棟ものに切り替えるというやり方が安全策と言えるかもしれません。

戸建て住宅は区分所有と1棟ものの中間的な性質を持ちます。

図27 区分所有物件のメリット・デメリット

区分所有のメリット(=1棟もののデメリット)

○小額から投資できる。1棟ものは金額が大きく、初の物件としてはリスクが大きい
○1棟ものの予算で区分所有物件を複数買うことで、空室、地震、事件・事故などのリスクを分散できる
○空室のみ狙って取得していくと、入居者を選ぶことができる

区分所有のデメリット(=1棟もののメリット)

○管理費・修繕費が割高。家賃の20~30%を占めることも(1棟ものは5~10%)
○土地の権利が弱いため、担保力が弱い
○建物の処分について自由が利かない
○地震に対する対応力が弱い(建て替えが困難)
○手間の割に儲けが少ない
○資産が増えるのに時間がかかる「カメ型」投資である
○融資を獲得しづらい

オーナーチェンジか？　空室か？

現在入居者がいる状態で売りに出されているオーナーチェンジ物件と、空室状態で売りに出される物件があります。これも双方にメリット・デメリットがあります。オーナーチェンジ物件は、購入したその瞬間から家賃が入ってくるというメリットがあります。しかし、入居者を自分で選ぶことはできません。また、多くの投資家がオーナーチェンジ物件を好むので、取り合いになります。

空室物件は、入居者を選べたりすぐにリフォームできるというメリットはありますが、空室がいつ埋まるかわからないというリスクがあります。

図28　オーナーチェンジと空室のメリット・デメリット

オーナーチェンジのメリット・デメリット

○ 購入後、即家賃収入がある
○ 家賃が割安に放置されている可能性がある
× 不良入居者がいるかもしれない
× リフォームによるバリューアップが使えない（潜在能力がある場合は逆手に取れる）
× 投資家同士の競争になりやすい

空室のメリット・デメリット

○ 入居者を選べる
○ リフォームによるバリューアップが即使える
○ 投資家同士の競争になりにくい
× リフォーム完了後、賃貸付け成約までの間、無収入が続く
× リフォーム完了後、家賃アップするとはかぎらない。不確定要素が大きい

１棟ものなら、ほとんどの場合はオーナーチェンジになるでしょう。その中に何人か不良入居者がいても、あきらめるしかありません。そして、もし前オーナーが滞納保証サービスを利用していなかった場合、後

から保証を付けるのは難しいため、トラブルが起きたときに対応する必要があります。

一方の区分所有物件なら、空室のみを狙えるので、入居者を自分で選んで決めることができます。滞納保証を付けられればより安心です。

ワンルームか？　ファミリータイプか？

区分所有物件か１棟ものかに限らず、間取りも選ぶ必要があります。間取りには大きく分けると「ワンルーム」と「ファミリータイプ」があります。戸建てもファミリータイプの一種ととらえます。

従来、不動産投資の中心はワンルームでした。同じ土地にアパートやマンションを建てるなら、ワンルームで構成したほうが収益性が高いからです。ワンルームで５万円の家賃が取れる場所で、２倍の広さのファミリータイプにしたからといって10万円の家賃を取れるわけではありません。そう考えるとワンルームが多数のほうが有利なわけです。また、ワンルームはリフォーム代金が安く済み、入居者の入れ替わり時にお金があまりかからないということで重宝されてきました。

しかし現在、全国的にワンルームは供給過多の状況で、家賃が下落しているエリアもあります。そしてワンルームは差別化が難しいため、価格競争になりやすいものです。地方にはいくら値段を下げても入居者が決まらない物件もあります。下手をすると管理費・修繕積立金を払ったら儲けがほとんど残らないという悲惨な状況になります。したがって、ワンルームに投資する場合は、そのエリアの人口動態や空室率の調査を徹底的に行う必要があります。

もちろんファミリータイプだからといって必ず有利というわけではなく、デメリットもあります。それぞれのメリット・デメリットを踏まえながら、ターゲットとするエリアでの価格や需給状況などを考慮して、希望のタイプを選択してください。

図29 ワンルームとファミリータイプのメリット・デメリット

ワンルームのメリット・デメリット

○ 取得単価が比較的安い
○ 管理費やリフォーム費用などが安い
× 供給過剰なエリアが多く、空室率に注意が必要
× 投資家同士の競争になりやすい

ファミリータイプのメリット・デメリット

○ ワンルームよりも長期入居になる傾向がある
○ リフォームの工夫の余地が大きい
○ 少子高齢化に対応した間取り変更できる（3LDK、2LDKを1LDKに改造）
○ 投資家が狙わない傾向にある
× 金額が高め（※平米当たりにすると割安な場合もある）
× リフォーム費用が高い（※同上）
× 管理費、修繕積立金が高い

利回りを何%以上にするか？

次に利回りです。物件販売資料や投資情報サイトでは想定利回りが表示されており、利回りを基準に物件の選別をすることもできます。利回りは高ければ高いほうがいいと誰もが思いますが、利回りが高いということは、裏を返せばそれだけリスクが高いということ。再建築不可、借地権、事故物件などにぶつかる可能性もあります。そのような物件の場合、自己資金の多い人や知識・経験のある人なら対処できるものも多いですが、初心者にはリスクが高くなります。

そこで**利回りに関しては、少し希望より低めに見積もっておきましょう。8～10%くらいを一つの目安にするといいかもしれません。利回りの低めな物件を狙い、値引き交渉、リフォームによるバリューアップなどのテクニックを駆使して、利回りやROIを上げる工夫を**します。

物件情報を探せるのは、不動産会社や投資専門のサイトだけではあり

ません。通常の住宅情報サイト、新聞折り込みチラシも情報源です。そういった利回りが掲載されていない媒体にも目を通すことが大切です。他の投資家との競争を少しでも避けることができます。

駅からの距離、エリアは?

理想を言えば駅近であればあるほどいいのですが、当然価格も競争率もそれに比例して高くなります。徒歩20分くらいのところにも投資に合った物件が出ることもあるので、少し条件を緩く設定しましょう。郊外なら、駐車場があれば駅からの距離は問われない場合もあります。ターゲットとするエリアのニーズに合わせて考える必要があるでしょう。

どのエリアを選ぶかは非常に重要です。基本的に初心者は、土地勘のある街や路線から始めるのが無難でしょう。行ったことも見たこともない場所で、地元の投資家と競争するのは大変です。自宅の近所、学生時代に住んでいたところ、勤務先の近くなど、土地勘のある場所で練習を積むのが賢明です。

物件の構造(RCか木造かなど)、築年数は、減価償却費や融資との関係で考える必要があります。基本的に、法定耐用年数の残存期間以内でしか銀行は融資を行いません。つまり木造なら法定耐用年数が22年なので、築10年の物件の場合、残り12年間が融資を受けられる最長限度の目安となります。自分の投資スタンスやローンのシミュレーションと照らし合わせつつ、おおまかな基準を決めましょう。

最後に予算

最後に決めるのは予算と融資の有無。予算はどれくらいあるのか、そして融資を受けるのか現金で買うのかで、購入できる物件は大きく異なります。

購入予算を検討する際は、最悪のケースを想定するという考え方もあります。例えば、5000万円の物件で考えてみましょう。８割の融資利用で購入した場合、毎月の返済額は、返済期間や金利にもよりますが15万～20万円。もし空室が出て、家賃収入が入ってこない場合は全額持ち出しになります。数カ月間部屋は埋まらないかもしれません。その状況に資金的・精神的に耐えきれないと思うなら、5000万円に対して4000万円の借金という金額は最初の１件めとしては大きすぎるかもしれません。ローンシミュレーションを行い、自分のリスクの許容度にしたがって、どれくらいまでなら借りられそうか検討してみましょう。

全額キャッシュで支払えば、返済がないためリスクを最小限に抑えることができます。しかし、出せる現金には限度があります。より大きな物件を購入して高いROIを狙いたいなら、銀行融資を検討します。

以上のような基準で自分の投資方針を決めて、その方針をもとに物件を検索していきます。検索しても全く希望条件に合った物件が出てこない場合は、どこかで妥協しなければなりません。その際もただ妥協するのではなく、対策を用意しておきたいところです。例えば、駅からの距離や築年数では妥協して、リフォームでそれをカバーするなどの方法です。

あらゆる面で好条件の物件というのは、投資家同士の取り合いになるか、マーケットに出る前にプロが買ってしまいます。私たち一般の不動産投資家はその合間を縫いつつ、どこを妥協し、どこでカバーするのか、バランスを探りながら投資手法を確立していくことが肝要です。

Paragraph-3

物件検索サイトの使い方

物件探しは「宝探しゲーム」と考えれば楽しい。たくさんの情報を検索し、資料を読み解いていくうちに、お宝物件への道筋が見えてくる。

情報収集の基本は、インターネット

ここからは先ほど決めた取得方針にしたがって物件情報を集めていきます。情報収集の方法は、インターネット、新聞広告・折り込みチラシ、不動産会社から直接、などがありますが、主力はインターネットです。物件を何件か買って不動産会社と馴染みになったら、お得な情報を教えてもらえることがあるかもしれません。しかし、初心者で取引経験もない人にそんな情報が回ってくるはずはありません。当初はインターネットでコツコツと探していきましょう。

投資用サイト、一般向けサイトがある

不動産情報を検索するサイトとしては、収益物件を専門に掲載している投資用サイトと、一般向けの不動産情報サイトがあります。

投資用サイトでは、地域、利回り、間取りなどの条件から希望の物件を検索することができます。希望条件に合った物件が登録されたらメールで知らせてくれる機能もあります。

投資用サイトは、投資用に情報が整理・表示されているので検索しやすいというメリットがありますが、多くの投資家が利用するので競争率が高くなるというデメリットもあります。

そこで、投資用サイトと合わせて利用したいのが「Yahoo！不動産」などの一般の不動産情報サイトです。一般のサイトであれば投資家が見

落としている物件に巡り合えるかもしれません。

【 検索サイトの例 】

一般向け不動産情報サイト

・Yahoo ！不動産（http://realestate.yahoo.co.jp/）

・アットホーム（www.athome.co.jp）

不動産投資用情報サイト

・健美家（http://www.kenbiya.com/）

・楽待《らくまち》（www.rakumachi.jp）

大手不動産会社のサイト

・ノムコムプロ（http://www.nomu.com/pro/）

・三井のリハウス（www.rehouse.co.jp）

インターネットでの検索のしかた（例）

それではここで、Yahoo ！不動産を例にとってどのように物件を検索していくかご説明しましょう。

他の投資情報サイトと同じように、Yahoo ！不動産でも最初におおまかなエリアを選択することとなります。北海道、東北、関東……といくつかのエリアごとにページが分かれていますので、自分が対象としたいエリアを選びます。次に、「買う」「借りる」のいずれの目的で物件を検索するのか、選択をします。今回は物件購入目的ですので、最初に「買う」を選択します。

次に、物件の種別です。「関東」「買う」を選択すると、以下のような物件種別が表示されました。

新築マンション（1,219 件）

新築一戸建て（1,076 件）

新規分譲土地（188件）
仲介マンション（52,718件）
仲介一戸建て（105,063件）
仲介土地（65,085件）

この分類からもわかるように、Yahoo！不動産では主に「マンション（区分所有）」と「一戸建て」情報を扱っています。逆に、投資家向けのアパートや1棟マンション、1棟ビルなどは分類が用意されていません。したがって、マイホーム向けに提供されている「マンション（区分所有）」「一戸建て」情報の中から、投資目的で賃貸に出して採算がとれるような物件を探していきます。

今回は、「仲介マンション」のコーナーで、「地域」または「路線」から希望条件に近い物件を検索することにしましょう。あらかじめ調査しておいた駅の乗降客数などを目安に検索条件となる駅やエリアを設定します。

めぼしい物件が見つかったら、次にインターネットのブラウザ画面をもう一つ開き、今度はYahoo！不動産の「借りる」情報のコーナーで、先ほどの物件と同じような条件がどれくらいの家賃で貸しに出されているかを調べます。このようにして、売り情報と賃貸情報を二つ交互に見ながら探っていくわけです。

物件情報を見るときのポイントは表面利回りです。家賃と購入価格から表面利回りを計算し、8～10％程度の利回りが期待できそうな物件を探していきます。表面利回りの時点で、郊外なら10％以上、都心なら8％以上確保できない物件は、ROIがプラスになる可能性が低いため除外します。10％というのは、例えば800万円の物件であれば年間家賃が80万円という計算になります。

買い値は800万円なのに年間家賃が50万円程度しか取れなさそうな物件は、表面利回りが低すぎるので除外します。逆に80万円以上の家賃が取れそうな物件があったら掘り出し物です。良さそうな物件をいくつかピックアップできたら、資料請求を行います。

Paragraph-4

物件の資料請求の行い方

次のステップは資料請求。選り好みせずにどんどん請求しよう。不動産仲介会社との付き合いもここから始まる。

めぼしい物件は不動産仲介会社に資料請求する

検索をしながら、希望条件に近い物件があったらピックアップし、マイソク（販売資料）を請求します。前述した「週末２件の物件見学」を実行するならば、平日に数多くの物件情報を検索して、めぼしい物件は不動産仲介会社に資料請求し、金曜日の夜くらいまでにマイソクを10～20枚集めることがノルマの一つとなります。そしてその中から週末に見学に行く物件を２件決めます。では、資料請求の仕方について説明します。

問い合わせは電話で。インターネットFAXを利用

物件情報ページ内には、不動産仲介会社への連絡先が書かれているほか、システム上で問い合わせをするための「お問い合わせ」ボタンが付いていたりします。どういうわけか、このボタンを利用しての問い合わせやメールでの問い合わせでは、対応が遅かったり、時には無視されることもあるようです。そこで、**必ず電話で問い合わせて資料をFAXしてもらいましょう**。不動産会社はまだまだアナログな会社が多いので、メールを活用していないケースも多くあります。情報伝達の基本はFAXです。

FAXを受ける際は自宅のFAX機でもいいのですが、物件探しが本格化してくると部屋中がマイソクだらけになってしまいます。紙代・イ

ンク代もかさみます。そこで利用したいのがインターネットのFAXサービスです。いずれのサービスも送信者がFAXで送った内容をメールの添付ファイルで受け取ることができます。

インターネットFAXサービスの一例
D-FAX（受信専用） http://www.d-fax.ne.jp/
FAXCAST（送受信可能） http://www.faxcast.ne.jp/
FAXIMO（送受信可能） http://faximo.jp/

インターネットFAXは、ファイルで受け取って画面上で確認し、印刷したいものだけ印刷すればいいので、マイソクが散らかることもなく、紙代も節約できます。資料として保存・整理するのにも適しています。

図30 電話で問い合わせるときの聞き方

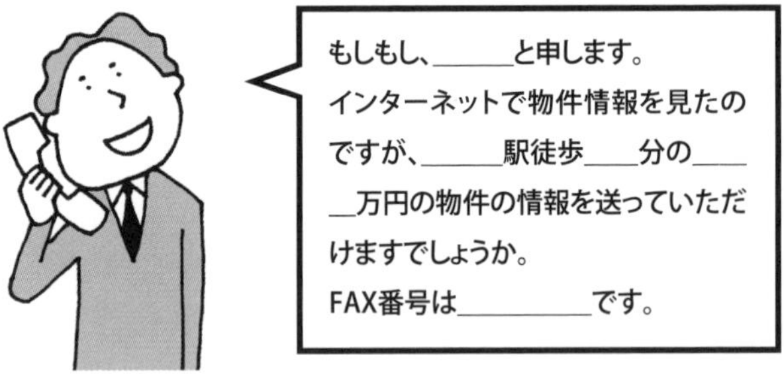
もしもし、______と申します。
インターネットで物件情報を見たのですが、______駅徒歩____分の______万円の物件の情報を送っていただけますでしょうか。
FAX番号は__________です。

Paragraph-5

不動産会社から事前に聞き出すべきことは?

一歩進んだ情報収集術として、資料請求する際に不動産会社にいくつか質問してみよう。のちのち、値段交渉に有利な情報を引き出せるかもしれない。

聞き出す情報が重要な役割を果たすことも

不動産仲介会社に電話をかける際、当初は資料を請求するだけでも構いませんが、慣れてきたら少し会話をして追加情報を収集してみましょう。ここで聞き出す情報が物件選定において重要な役割を果たすこともあります。

交渉を有利に進めるための情報を引き出す

例えば、同じような物件でも値引きできる場合とそうでない場合があり、それは資料を見ただけでは判断できません。以下のようなことを担当者に質問して、交渉に使える情報を引き出せればラッキーです。

不動産仲介会社から聞き出したいこと

- **売却理由は？**
- **いつから売り出されているか？**
- **反響は？**
- **いつまでに売りたいという希望は？**
- **価格交渉はどれくらいまでいけそうか？**
- **元付か、客付か？**

「売却理由」は内容によっては値引きの材料になります。「売主さんは、なんで売りに出しているんでしょうね」などと柔らかい感じで質問してみましょう。相続対策だったり、売主が他の場所に引っ越ししてしまったケースなどでは、急いで処分したいので値引き交渉ができることが多いようです。逆に、数カ月前に買ったばかりですぐに売りに出しているような物件は、業者の転売目的であるケースが多く、値引き交渉に応じてもらえない場合があります。

「いつから売りに出されているか」は、売れ残っている期間を聞いています。長期間売れ残っていれば、売主はあせっているので値引き理由になります。

「反響」は、現在どれくらい買い付け申し込みが集まっているかを聞いています。あまりに競争相手が多すぎたら、競争に勝つ自信があるのでないかぎり、あきらめたほうが無難です。

「いつまでに売りたいか」は期限を聞くことで、売主のあせり度合いを推測します。期限が迫っていれば思いっきり値引きが可能です。オーナーチェンジ物件の場合、すでに入居者がいて家賃収入も継続的にあるので、売り急いでいないと予想できます。

元付か客付か

嫌がられる可能性もありますが、**元付**（もとづけ）か**客付**（きゃくづけ）かを聞いてしまうという方法もあります。元付は、売主が売却を依頼した不動産会社で、客付は、買主が購入を依頼した不動産仲介会社のことです。売主、買主、不動産仲介会社の関係は図31のようになっています。

資料請求の電話をかけた不動産仲介会社がBの会社だったり、Aでも元付だったほうが売主に近いので詳しい情報を得ることができます。

一方、Aの客付だった場合、売主とは直接やりとりしていないので、詳しい情報を得るのは難しくなります。売却理由や値引き交渉の具合を質問しても、思うような答えは返ってこないかもしれません。

また、Bの場合、客付の不動産会社がいない分、元付の受け取る仲介手数料が大きいため、値引き交渉等の融通が利きやすいと考えられま

図31　元付と客付の違い

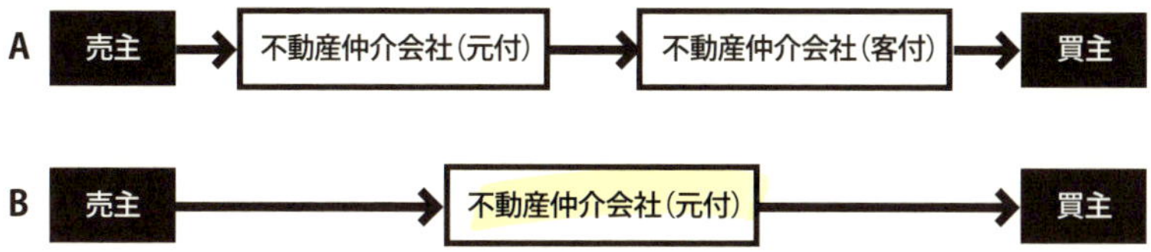

す。このあたりの話は第５章でも詳しく取り上げます。

マイソクを見るポイント

マイソクとは、不動産の物件概要が１枚の紙にまとめられた、販売図面のことを指します。

マイソクを取り寄せたら、その内容を読んで実際に現地に視察に行く物件を選び出します。マイソクを見るポイントは「**収益力**」「**担保力**」「**稼働力**」の三つです。

「収益力」というのは、第３章で説明した表面利回り、実質利回りがどれくらいになるかという計算です。家賃、管理費・修繕積立金などから推測します。

「担保力」は、融資適格物件か否か、適格なら担保価値としてどれくらいになりそうかを見ます。融資に適していない物件というのは、「再建築不可」「借地権」「地上権」「市街化調整区域」などの物件です。物件評価の仕組みについては第５章で解説します。

「稼働力」は、稼働率に影響する要素としてどんなプラス面・マイナス面があるのかということです。具体的には、駅からの徒歩分数、間取り、広さ、築年数、エレベーターの有無、部屋の広さ、風呂・トイレの状態などです。例えば、洗濯機置き場が室内にあるのは女性入居者にとってはプラスになります。

Paragraph-6

現地調査の進め方

現地調査に行く際は事前準備をしっかりと。現地では時間と体力の許すかぎり周辺環境も見て回ろう。思わぬ発見があるかもしれない。

現地を自分の目で見て確かめることが必要

現地調査する物件を選定したら、現地調査を行います。マイソクを見るのと実際の物件を見るのとでは大違いです。現地調査は物件選びをする上で非常に大切です。マイソクの情報に「公証力」はないので、間違っている可能性もあります。マイソクを鵜呑みにせず、現地を見て確かめることが必要です。

当日の現地調査をスムーズに進めるためにも、きちんと事前準備しておきましょう。手順としては、まず地図で物件の場所を確認します。マイソクの資料はわかりにくいので、「グーグルマップ」や「Yahoo！地図」などのインターネットの無料地図情報で改めて調べ直します。

現地調査の準備

〇地図で場所を調べる

〇路線価を調べる

〇電車での行き方、所要時間を調べる

〇効率的に回れるように、同じ路線、同じ駅の物件を集中的に見る

現地に着いてからのチェックポイント

現地には電車（バス）と徒歩で向かいます。駅に着いてからは必ず歩いて物件まで向かいます。例えば、「徒歩〇分」と書いてあるのに、「途

中に開かずの踏み切りがあって余計に時間がかかってしまった」など、実際に歩かなければわからないこともあるからです。

駅から現地まで、また、現地に到着してからは以下のようなポイントに注意して視察します。

図32 現地周辺・現地物件でのチェック項目

駅前の環境

□駅周辺の賑わい
□不動産屋の店舗数・混み具合

駅から現地までの環境

□人通り
□商店
□道は暗くないか

現地周辺の環境

□忌避施設はないか
□騒音・異臭はないか
□周辺の空室率

建物外観

□ひび割れ
□修繕状況のチェック
□管理・清掃状態のチェック

建物内部

□廊下の清掃具合
□階段・エレベーターの痛み具合
□建物の空室率

現地までの道のりでは、スーパーやコンビニ、銀行などの生活者の視点に立ったチェックはもちろんのこと、投資家の視点として不動産会社の様子を探ることも欠かせません。その物件を購入したときに入居者を集めてくれるのは地元の不動産屋さんだからです。不動産屋の店舗数が多く、その中に混み合っている店舗があれば、後々の賃貸付けもだいぶ楽になると予想できます。

現地では、図32のチェック項目をもとに調査します。細かく項目が分かれていますが、できるところだけチェックしてみてください。ABCの3段階評価にするのもいいかもしれません。

最後に、余裕があれば現地までの道のりとは別に周辺も歩き回ってみましょう。周辺の競合物件の空室率なども合わせて調査します。

Paragraph-7

不動産会社との付き合い方はこうする

地域密着型の不動産屋さんは、地元に強いネットワークを持っており、味方につければ素晴らしい物件情報をもたらしてくれる。積極的に開拓しよう。

一見さんには冷たいが、常連さんになれば……

第4章の最後に、不動産会社との付き合い方について考えてみます。ここで言う不動産会社とは、いわゆる街の「不動産屋さん」です。情報収集の基本はインターネットですが、特定エリアに強い不動産会社からはインターネットよりも有益な情報が得られることもあります。購入したいエリアが絞られているならば、地元の不動産会社と関係を構築し、情報提供をお願いしてみましょう。

街の不動産屋さんと付き合う際の心得を、図33にまとめてみたので参考にしてください。

購入したいエリア・駅が絞られている場合は、駅前の不動産屋さんに飛び込んでみましょう。「こういう条件の投資用物件を探しています」と言えば対応してくれるはずです。その時に持っていきたいのが「自己紹介書」。自分の経歴や予算、希望条件などをペーパーにまとめたものです。あらかじめ何枚か印刷しておき名刺代わりに渡しておきます。

希望条件を具体的にし、買う気をアピール

希望条件はできるだけ具体的にして、「この客は冷やかしではない」という印象を与えたほうが、物件探しに付き合ってもらえます。逆に条件が曖昧だと、購入意思が明確でないととらえられ、「探しておきますね」と言ったのに全く無視されることもあります。まじめに購入する意

思があることをアピールする必要があります。

ただ、前記のようなポイントを押さえて不動産会社を回ったからといって、すぐに情報をもらえるとはかぎりません。やはり一見さんには厳しいのがこの業界だからです。また、予算の多い客ならともかく、予算が少ない客は相手にしたがりません。したがって最初から過度な期待はせず、長いスパンで地道に開拓することに努めたほうがいいかもしれません。

図33　不動産会社と付き合うときの心得

- 一見さんには冷たいが、常連になれば良い情報を優先的に回してくれる
- 大手が上、中小は下ではない
  ➡とにかくたくさん数を回る
- 会社より、担当者に顧客がついていることが多い
  ➡優秀な担当者を見つけること
- 行った先々で「自己紹介書」「連絡先」を書いて渡しておく
  ➡顔と名前を覚えてもらう
- 買う気があること、買えるだけの資力があること、信用力をアピール
- 具体的な「買いたい物件」「買う時期」を提示
  ➡冷やかし客、資金力がない客を相手にするのは時間のムダ
- 高望みはせず、現実的な線で希望物件を告げる
  ➡「高利回りで駅近物件をください」は買う気がないのと一緒
- 連絡をもらえたら必ず返信。無視すると自分も無視される

Column

「私はこうして大家さんになりました！」その④

チーム力で地方在住の不利をカバー

K・Yさん（34歳・会社役員）

——現在持っている物件の概要を教えてください。

北陸地方のRC物件を中心に、５棟75戸保有しています。購入価格の合計は2.4億円です。月の家賃収入は、満室時で370万円になります。

——不動産投資を始めたきっかけは？

『金持ち父さん貧乏父さん』を読んで不動産投資に興味を持ちました。そして、ロバート・アレン氏の書籍で相場より安く物件が売られる場合もあるということを知り、ネットで物件探しを始めました。

——最初に買った物件は？

木造９戸のアパートで1980万円でした。満室時の利回りが20％で高かったのですが、滞納が多くて苦労しました。

売主も滞納にうんざりして物件の売却を決めたくらいですので、相当ひどい状況でした。最終的に、購入してから数カ月間一度も家賃を払わなかった入居者もいて、裁判まで行いました。

——不動産投資をして良かったと思うことは？

少ない労力で安定収入が確保できたことが一番大きいと思います。それから、不動産はもちろん建築、リフォーム、金融など幅広い知識が身に付いたこと。あとは、いろいろ経験したことで人間的にタフになったことですね。

——自分なりに工夫している点などがあれば教えてください。

私は一般的に空室リスクの高いと言われる地方の物件を中心に投資しています。地方であることのデメリットを補うべく、現地の管理会社、工務店と強固なチームを組んで安定した入居率を確保するように努めています。管理会社とはメールをフル活用してコミュニケーションをしっかり取るようにしています。

——不動産投資に関して、今後の目標は？

目標とする家賃収入は得られましたが、良い物件があればさらに買っていきたいと思います。これから大家さんを目指す人にも協力してあげたいと思います。

第４章のまとめ

◎物件検索と現地調査の繰り返し、これが不動産投資の成功の９割を占める。

◎区分所有物件と１棟もの、どちらを選ぶかはその人の予算、スキルなどによって変わる。

◎利回りに関しては、少し希望より低めに見積もり、８～10%くらいを一つの目安にする。

◎利回りの低めな物件を狙い、値引き交渉、リフォームによるバリューアップなどのテクニックを駆使して、利回りやROIを上げる工夫をする。

◎希望条件に近い物件があったらピックアップし、不動産仲介会社に資料請求する。

◎物件情報を見るポイントは「収益力」「担保力」「稼働力」の三つ。

◎現地の駅に着いてからは、必ず歩いて物件まで向かう。

◎購入したいエリアが絞られているならば、地元の不動産会社と関係を構築し、情報提供をお願いしてみる。

買い付け申し込み、
融資申し込みの方法

Paragraph-1

買い付け申し込みの基本ルール

物件検索をした結果、これはという物件が見つかったらすかさず「買付申込書」を提出しよう。

買い付け申し込みするのは10分の１くらい

物件検索をした中から気になった物件を現地調査に行き、さらにその中から自分の希望する条件にかなう物件が見つかったら、「買い付け申し込み」を行います。

前述した「1000：100：10：３：１の法則」で言えば、**現地に見に行った物件が 100 件あったとすれば、そのうち 10 件くらいは買い付け申し込みをしてもいいような物件に当たるはず**です。確率としては 10 分の１くらいになります。いい条件の物件が見つかったら買付申込書を出してみましょう。

買い付け申し込みの役割とは？

買い付け申し込み（買い付け、購入申し込みとも）は、不動産会社に対して購入の意思があることを書面で伝えるものです。物件が他の買主に買われないように「押さえる」ことが目的です。書式はそれぞれの不動産会社に用意されています。希望購入価格や融資利用の有無などを書き入れるのが通常です。買い付け申し込みを行うと、売主に購入の意思が伝えられます。

買付申込書は契約書ではないので、法的な拘束力はありません。つまり、買付申込書を提出したからといって、必ず購入しなければいけないわけではなく、キャンセルすることも可能です。しかし、**一度買付申し込みを出したのに後になって勝手に撤回するようなことを何度もすると、不動産会社**

からの信用を失うことになるので、できるだけしないようにしましょう。

買い付け申し込みの基本ルール

買い付け申し込みを出したからといって、必ず購入できるわけではありません。人気の物件には5枚も10枚も買付申込書が届きます。売主はその中から申し込みが早い順に交渉を行っていくのが一般的です。

ただし、実情としては先着順だけではなく、好条件の申し込み相手が優先されることも多々あります。つまり、後から買付申込書を出しても、条件次第では順位を上げることが可能なわけです。

買い付けを出す前には不動産会社に探りを入れ、ある程度の価格交渉を口頭で済ませておきます。ただ、取り合いになるような人気物件の場合、価格交渉の前にとりあえず交渉優先権を取る目的で申込書を提出することもあります。

図34 購入申込書の例

不動産買付証明書

売主様　　　　平成　年　月　日

〈買主〉氏名
住所
TEL

今般、下記表示不動産を下記条件にて購入したく、
本書をもちましてお願い申し上げます。

記

1･購入価格総額　円(税込)
2･その他条件　ローン特約　あり　なし
不動産の表示
土地　〈所在〉
〈地積合計〉平米(　坪)
建物　〈所在〉
〈延床面積〉平米(　坪)

以上

Paragraph-2

買い付け申し込みのテクニック

買付申込書の提出は、交渉権を得るための第一ステージ。そこで勝ち上がるにはいくつかのテクニックがある。

人気物件には多くの買い付け申し込みが集まる

買付申込書を出しただけでは物件を手にすることはできません。ここはまだ交渉するかしないかを決める段階で、まずは交渉のテーブルに着かないことには話にならないのです。人気がある物件には多くの買い付け申し込みが集まりますが、その多くの申し込みの中から交渉権を獲得し、実際に売ってもらえるただ１人の人になる必要があります。

基本はローン特約を利用する

買付申込書を出す際の基本中の基本は、「ローン特約」を付けることです。**ローン特約を付けずに売買契約までいき、最終的に融資が得られなかった場合、ペナルティーとして手付金ないし売買代金の 10 ～ 20%を取られてしまいます。**これは大きな損失です。

ローンを使って購入する場合は、ローン特約は必ず付けましょう。もしも不動産会社からローン特約について何も言ってこない場合は、自分で付けることを宣言し、契約書に入れてもらいます。

買い付け申し込みのコツ

前述のように、買付申込書を出した際、売主側に受け入れてもらえるかどうかは、あなたの買い付け申し込みがどの程度、信頼が高いものかにかかっています。例えば、ローン特約を付けた場合、ローン特約を利用する（金融機関にローンを断られてしまい、購入をキャンセルする）可能性が高いと思われてしまえば、あなたの買い付け申し込みは受け入れてもらえないかもしれません。

したがって、**ローン特約を利用する際には、あらかじめ金融機関に打診を行っておき、融資利用について問題ないという内諾（簡易審査の結果）を受け取ってから買付申込書を提出する**ことによって、買い付け申し込みが通る可能性を高めることができます。

図35 買い付け申し込みのコツ

Paragraph-3

なぜ融資を受けるのか？

全額現金で支払えるなら、融資を受ける必要はない。しかし、レバレッジによる高 ROI というメリットを享受するなら、融資を受ける必要がある。

融資申し込みはスピーディーに

さて、「1000：100：10：３：１の法則」に従えば、買い付け申し込みをした10件のうち、３件に融資申し込みを行うことになり、そのうち１件でも融資が得られれば、いよいよ物件を購入することができます。融資の申し込みは、ローン特約の期間内（通常は２週間～１カ月）に行うことになり、スピーディーな動きが求められます。通常は買い付け申し込みの後、すぐに銀行に融資申し込みも行います。

融資活用か現金中心か、自分の戦略を決める

現金を潤沢に持っている人、一つの物件だけ購入すればいいという場合は、融資を利用する必要はないでしょう。しかし、限られた資金を上手に活用して多くの物件を買いたいなら融資を受ける必要が出てきます。

現在の日本は過去にも例を見ない低金利です。これほど低コストで資金を調達できる国はほかにありません。

ローンの借入利子と不動産の利回りを比較して、利回りのほうが大きい場合は、そのギャップが「利ざや」になるというのが不動産投資の考え方です。金利の低い円を売って、金利の高いドルやユーロを買い、「スワップ」を稼ぐ外貨運用（FX）と同じ考え方です。

ただし、低金利はいつまでも続くわけではないので、金利動向には注

目しておきましょう。

考え方は二つあります。

一つは「融資を先行させる」。金利が低いうちは積極的に融資を利用して、金利が上がったら融資を受けるのをやめ、貯まった現金での繰り上げ返済に切り替える手法です。

二つめは「現金を中心にする」。最初の１～２件は現金で購入します。これにより銀行に対する信用力も高まり、融資が受けやすくなったところで、融資を活用して大きな物件を買うという方法です。

どちらを選ぶかは戦略次第です。

現金買いと融資買い、それぞれのメリット・デメリットを図36にまとめましたので参考にしてください。

図36　現金買いと融資買いのメリット・デメリット

現金買いのメリット・デメリット

○ 安全度が高い
○ 運用方法として貯金よりは高い利回りが得られる
○ 値切り交渉に強い
○ 物件を即押さえられる
○ 将来の共同担保として使える（＝現金同等物とみなされる）
× 資産増加に時間がかかる
× 手持ち資金の少ない若い世代には難しい

融資買いのメリット・デメリット

○ 短期間で複数の物件取得が可能
○ レバレッジ効果により高い利回り（高ROI）を狙える
○ 現金を手元に残せるので融通を利かせられる
× リスクが高い。破綻の可能性もある
× 金利に収益が左右される

Paragraph-4

融資に関する基礎知識

金融機関からの融資には独特の仕組みがあり、普段耳慣れない用語が使われる。後で銀行担当者と交渉する上でも必要となってくる知識なので、しっかりと確認しておこう。

金融機関にはランクがある

住宅ローンでマイホームを購入したことのある人、あるいは事業を経営している人でもないかぎり、銀行から借金をする機会はあまりありません。そこで、ここでは融資に関する基礎的な知識を解説していきます。

融資を受ける先は銀行などの金融機関です。どの金融機関も同じというわけではありません。図のようにピラミッド形式になっています。融資のハードルの高さと金利の高さは反比例します。金利が低いほうが有利なのは言うまでもありません。

図37 **金融機関の「種別」**

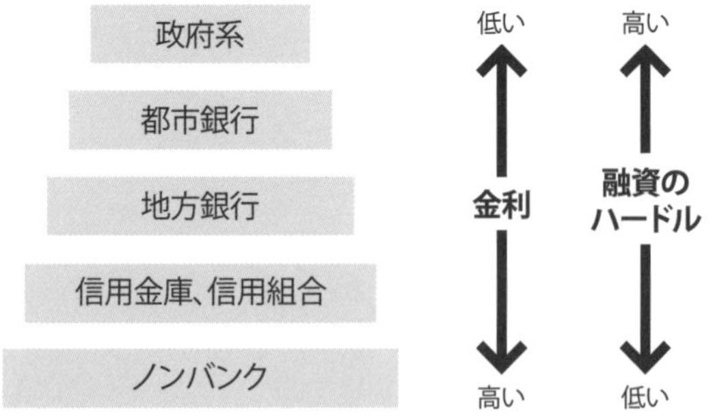

・日本政策金融公庫、商工組合中央金庫

ヒエラルキーの最上部に位置するのが政府系金融機関です。個人を対象にしているのは日本政策金融公庫（旧、国民生活金融公庫）です。

融資のハードルは高いのですが、全期間固定金利で２％前後というメリットがあります。また、銀行から融資を受ける際にはさまざまな手数料がかかりますが、政府系の場合はほとんど手数料もかかりません。繰上返済にかかる手数料も無料です。

ただし融資は担保登記が終わってからの融資実行となります。つまり、お金を貸してもらえるのは物件を買った後ということ。銀行なら担保登記の前に融資が実行されるので、そのお金で決済することになります（状況によっては事前融資も可能）。

そのため、政府系を利用する場合は、まずは身内に借りるか民間の金融機関で短期のつなぎ融資を受けるなどして現金決済した後で、融資を受けるという順になります。

・都市銀行

次にくるのが三菱東京 UFJ 銀行、三井住友銀行、みずほ銀行などのいわゆるメガバンクです。金利が安め、全国の物件を扱っているというメリットはありますが、融資のハードルは高めです。

・地方銀行、信用金庫、信用組合

金額の小さい融資案件も扱ってくれますが、都銀に比べると金利が高くなる傾向にあります。また全国区ではないので、営業エリア内の物件にしか融資をしてくれないという難点があります。

・ノンバンク

金利はかなり高めですが融資のハードルは低いというメリットがあります。ただし、ノンバンクや消費者金融でお金を借りると信用力が落ち、ランク上位の金融機関が相手にしてくれなくなる可能性があります。最後の手段と考えておくべきでしょう。

融資申し込みをして最初の何回かは勝手が摑めず、融資を断られることもあるでしょう。だからといって安易に借りやすいところから借りてしまうと、後が続かなくなります。**なるべく上位の金融機関から順に融資審査を受けるように**しましょう。

融資の種類

次に融資の種類です。融資の種類は大きく「消費者向け」「投資家向け」「事業向け」の３種類に分かれます。

・消費者向け融資

代表は住宅ローンです。住宅ローンは金利が低く借り入れ年数も長い有利な商品です。ただ、投資向けではないので、住宅ローンで買った物件を賃貸に出すことは契約違反になる恐れがあります。しかし実際には、転勤などの理由から賃貸に出している人は多く、金融機関も黙認するケースが多いようです。

・投資家向け融資

いくつかの地銀が「アパートローン」「不動産投資ローン」といった投資家向け融資商品を出しています。もともと不動産投資用なので積極的に融資してくれますが、金利は２～４％前後と住宅ローンと比べると高めです。

図38　投資家向け融資の例

●ニッセイアパートローン	長プラ連動	1.400%
	短プラ連動	2.675%
●オリックス銀行（アパートローン）	3年固定	3.300%
●スルガ銀行（アパートローン）	変動	4.5%

※2013年11月30日現在

・事業向け融資

政府系の融資や通常の銀行からの融資がこれに当たります。金利などの条件面では投資向け融資より有利な場合があります。まずはこの方法で融資を受けることを考えます。

融資は紹介者を通して

銀行の窓口に行き、いきなり「収益物件を買うので融資を受けたい」と言っても相手にされないことがあります。不動産会社などから紹介を受けてから話をしに行くほうが、前向きに話を聞いてもらえます。紹介者の存在は非常に重要です。

したがって、不動産会社から物件資料を取り寄せる際、ついでに銀行とのルートについても聞いてみましょう。その不動産会社と付き合いのある金融機関が、どんな金融機関なのかは当たってみなければわかりません。

ある程度慣れてくると、不動産会社からの情報や、他の投資家とのネットワークを通じて、融資に積極的な銀行や支店、優秀な担当者の情報が掴めるようになります。他の銀行では断られた融資案件をその銀行に持ち込むことで、融資を受けるということも可能になります。

物件評価の仕組み

銀行が融資の可否を判断する基準は、大きく「どんな物件に貸すか(物件評価)」「誰に貸すか（個人属性評価)」の二つに分かれます。

物件評価の方法には、大きく分けて「**積算評価**」「**収益評価**」の２種類があります。「積算評価」は、土地・建物それぞれの担保価値を調べて、その価値をもとに融資額を決める方法です。

「収益評価」は、家賃収入がどれくらい取れるかという物件の収益力を見て融資額を決める方法です。「**収益還元法**」とも言います。

自分が融資を申し込もうとしている銀行が、どちらの評価方法を重視しているかを知ることは重要です。どちらの面から見ても良好な評価を得たほうが融資可能額は大きくなります。

物件評価の仕組み、個人属性評価の仕組みについては、後ほど詳しく解説します。

担保の種類

担保とは「借金のかた」のこと。不動産投資において融資を受ける際は、お金を借りる代わりに不動産物件を抵当に入れる（借金のかたに取られる）ことになります。借金のかたに取られてはいますが、賃貸経営をして収益を得ることはできます。借金の返済が滞ったときには、担保にした物件は取り上げられてしまいます。担保に関しては以下のような言葉を覚えておきましょう。

・共同担保

自分が買おうとする物件が5000万円だとして、審査の結果、3000万円の融資を受けられることになりました。残り2000万円の自己資金がないとき、例えばローン完済済みの自宅などを担保として差し出すことができます。これを共同担保と言います。

金利についての考え方

不動産投資の収益に大きく影響するのが金利。最低限の知識として、金利の種類や仕組みを知っておきたい。

金利の仕組みを知り、自分の戦略に合ったものを選択する

住宅ローンの金利と言えば、長期固定・元利均等払いが一般的ですが、不動産投資の場合には、いくつかの種類の金利を選べる場合があります。金利の仕組みを知り、自分の戦略に合ったものを選択しましょう。

銀行融資における金利の基準となる指標としては「短期金利」「長期金利」があります。短期金利は日本銀行の政策で決まり、長期金利は市場（10年物国債）によって決まるものです。銀行が融資の金利を決める際、変動金利は短期金利を基準に、固定金利は長期金利を基準にしている場合が多いようです。

変動金利と固定金利

買った物件を返済終了まで長期間にわたり持ち続けようと考えている場合には、長期固定金利が有利です。固定金利は、固定期間中は金利変動リスクを避けられるというメリットがあるからです。ただし、途中で一括返済しようとするとペナルティーが課されます（日本政策金融公庫はペナルティなし）。

買ってから10年でキャッシュフローがマイナスになるのでその時点で物件を売却しようなどとシミュレーションしている場合は、10年以内の固定金利にするか、変動金利を選択します。

元利均等払いと元金均等払い

返済方式にも２種類あります。

「元利均等払い」は、毎月支払う金額を一定として、その中の元本と金利の内訳金額を変動させる返済方式のことです。最初のうちは金利の支払いが多く、元本の減りが遅いのが特徴です。初期のうちはキャッシュフローが多く残りROIが高くなりますが、時間が経てば経つほど元本支払いが増加し、返済が苦しくなります。その結果、返済期間の後半ではキャッシュフローがマイナスになることもあります。

「元金均等払い」は、元本の支払額は一定で、金利の部分が変動する方式。最初のうちは毎月の返済額が大きくなりますが、元本の減りは早いのが特徴。当初はキャッシュフローが少なくなりROIを圧迫しますが、後々返済額が減っていきます。

どちらを選ぶかは戦略によります。当面はキャッシュフローがそれほどいらないという場合は「元金均等」を選びます。次々と物件を増やしていきたい場合には、キャッシュフローが多く残る「元利均等」を選びます。元利均等の場合、将来どの時点でキャッシュフローがマイナスに転落するのかを事前に予測し、経過をチェックしておくことが必要です。

図39　元利均等払い・元金均等払いの違い

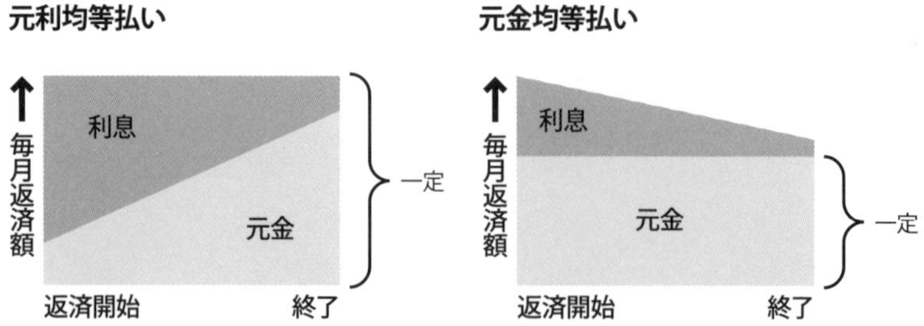

Paragraph-6

物件評価の仕組み

「物件評価」次第で融資の可否や条件は大きく変化する。積算評価で融資が不可だったとしても、収益評価で挽回することが可能だ。

「積算評価」と「収益評価」の評価の手順

物件評価の仕組みに「積算評価」と「収益評価」があることは前述しました。いずれの面でも高い評価になったほうが、融資が通りやすくなります。ただ、どちらか一方の評価が高ければ、一方の不利な条件をカバーすることもできます。それぞれの評価の手順について説明していきましょう。

積算評価の方法

1．土地の評価額を出す

土地の評価額は、「路線価×面積」で計算します。これにさらに各銀行が掛け目と言われる係数（7割、8割など）を掛けて算出します。掛け目は土地の形状によって左右されます。

路線価は国税庁のホームページ「財産評価基準書」（http://www.rosenka.nta.go.jp）で調べます。路線価を調べるには物件の住所を知っておく必要があります。路線価図には「丁目」までで番地以下は書かれていないので、住宅地図と見比べながら物件のある場所を探し、路線価を特定します。

路線価は「570 C」などと書かれています（単位は1000円）。アルファベットは借地権の場合に評価を減らされる割合を示しています。例えば「C」であれば、借地権の場合は評価額に対して70%を掛ける

（価値を30％減少させる）ことになります。通常は、借地権の物件は投資対象としませんので無視してください。区分所有の場合、土地所有権の割合を調べ、全体の評価額から按分します。

路線価がわかったら土地面積と掛け算して土地評価額を算出します。この評価額は、土地の形状、接道条件、高低差、用途地域などで上下することがあります。

図40　路線価図の例

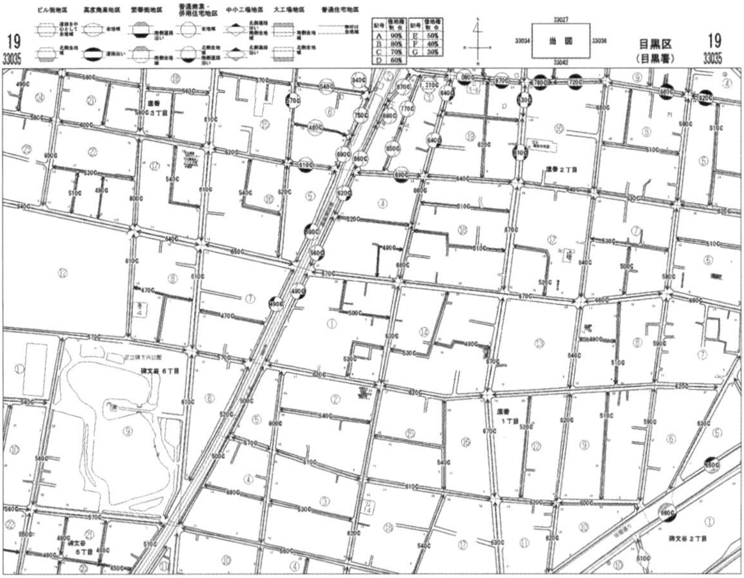

（出典：国税庁「財産評価基準書」）
http://www.rosenka.nta.go.jp/

2．建物の評価額を出す

建物は「新築時の１平方メートル当たりの価格×延べ床面積×築年数による減価」で計算します。新築時の１平方メートル当たりの価格は、建物の構造（SRC、RC、木造など）によって異なります。丈夫な構造で築浅であればあるほど評価額は高くなります。図41の早見表を目安に算出してみましょう。

図41　評価額の早見表

構造	新築時価格／平方メートル	減価
SRC、RC	200千円	（47－経過年数）／47年
重量鉄骨	180千円	（34－経過年数）／34年
木造	150千円	（22－経過年数）／22年
軽量鉄骨	150千円	（18－経過年数）／18年

※金融機関により、価格等は異なります

例えばRCで120平方メートル、築20年の建物では、200千円×120×（(47 － 20）／47）＝約1379万円となります。

3．土地と建物の評価額を合計する

上記の合計額がこの物件の評価額になります。売買価格に対する評価額の割合が高ければ高いほど、処分価値が高いことになり、金融機関の評価も高く、「お買い得」な物件と言えます。金融機関によっては、積算評価の金額にさらに掛け目を加えて減価する場合もあります。

収益評価の方法

「収益評価」は、不動産を運用することでどのくらいの収益（家賃）を得られるかで価値を算出する評価方法です。収益評価の計算式は銀行によって異なります。満室家賃の6～8割の金額と、融資の返済額（現在の市場金利＋2～3％）を比べて、家賃が多ければ安定した収益のある物件とみなし、融資を行うというものです。

例）年間家賃×80％＞金利6％の年間返済額

例えば、物件価格5000万円、年間家賃収入500万円（利回り10％）の物件を8割のローン（借入金4000万円）を組んで買いたい場合、「家賃500万円×80％＝400万円」をまず計算します。次に「金利6％の年間返済額」と比較します。

年間返済額は、返済期間によって変わってきます。返済期間（融資可能年数）は築年数によります。RC（法定耐用年数47年）で築20年の物件なら、融資可能年数は最長27年になります。

借入額4000万円の場合、返済期間30年ならば返済額は年288万円となって、［400万円＞288万円］となりますが、返済期間15年ならば返済額405万円なので［400万円＜405万円］となって、融資額が減額されます。

積算評価が低いために融資を断られた場合でも、収益性の高い物件ならば、収益評価を重視するほかの銀行に持ち込めば融資が得られる可能性が高くなります。

ただ、そういった物件を買うと、バランスシート上で資産に対する負債の割合が大きくなり、「債務超過」になる可能性があります。債務超過とは、所有している不動産の価値よりも、借金の残高のほうが大きい状態を指します。銀行は債務超過になっている人に対して、次の融資をしてくれない可能性があります。そのため収益評価に頼って物件を買えるのは最初の1件めまでで、後が続かなくなります。

これに対しては、フルローンではなく自己資金をある程度入れる、収益評価と積算評価が両方高い物件を選ぶなどの工夫が必要です。

Paragraph-7

個人審査の仕組み

金融機関は収入状況や職業を見て信頼できる人かどうかをチェックする。融資を受けるためには、あえて節税しないことも一つの策だ。

借りる人が信頼できるかどうかが厳しく問われる

「物件評価」とともに融資審査の基準となるのが「個人属性評価」。借りる人がいったいどんな人なのかを、金融機関は審査します。いくら収益評価で高い収益が得られる物件だとしても結局、返すのはその人自身です。その人が信頼できる人かどうかが厳しく問われるわけです。

個人属性評価の基準

個人属性の評価は、どのような基準で行われるのでしょうか。

まずポイントとなるのは、年収です。銀行によりますが、過去３年程度の収入を見られます。証明する書類として源泉徴収票や確定申告書、納税証明書などを提出します。もちろん納税額が多いほうが、さらに右肩上がりのほうが望ましいとされます。

したがって、**より多くの融資を得たいならあえて節税をせずにたくさん税金を払うことが肝要**です。融資を受けられるか受けられないかで、不動産投資の成長のスピードは大きく変わります。融資によって得られるであろう大きな利益のためには、多少の節税効果などは忘れることも一つの手です。

次に見られるのが職業や肩書。公務員や一部上場企業に勤めるサラリーマンや、弁護士・医師といった士業など、安定感のある職業のほうが評価は高くなります。また、勤続年数は長いほうがベターです。転職したばかりの人は厳しくなります。

その他、図42に示すようなさまざまなポイントがあります。要するに銀行は、「稼いでいるのか？　いないのか？」「借金を返せるのか？」「信用できる人なのか？」を知りたがっているわけです。

それぞれのポイントを見て、評価が高い人のほうが融資を受けられる額が多くなり、受けられる銀行の選択肢も広がります。

そのため、**より多くの融資を得ようと思ったら、納税や勤続年数について長期的な計画を立てることが必要**です。

図42　個人属性評価のポイント

- 年収（過去3年間の推移を見られる）
- 職業や肩書（上場企業、公務員、士業、有資格者は有利）
- 学歴（職業の裏付け程度）
- 貯蓄の有無（年収と年齢に応じた蓄財ができているか）
- 不動産投資の経験（経験者は有利。持っている物件の内容も見られる）
- 紹介者の有無・紹介者の質

Paragraph-8

融資申込書類の作成方法

申し込み時に提出する書類は金融機関の担当者にとって最大の判断材料。万全に整えて不動産経営に対する熱意をアピールしたい。

最初の融資申し込みでOKが出ることはまずない

物件評価や個人評価の仕組みを把握した上で、いよいよ融資申込書類を作成して銀行に提出することになります。**最初の融資申し込みでいきなり OK が出ることはまずない**と考えてください。一つめの金融機関で断られたら、すぐに次の金融機関に回りましょう。そのため書類は必ず複数セットを用意しておきます。

融資申し込みに必要な書類

融資を申請する際には以下のような書類を揃えます。

「物件に関する書類」は、ほとんどを不動産会社が用意してくれますので、それを取り寄せます。物件の写真は自分で撮ってくる必要があります。周辺環境の説明（学校やコンビニ、スーパー等の場所などのプラス要素）は自分で揃えられますので、現地調査の際に調べておきます。

収支計画も自分で用意する書類です。最低限でも初年度の収支計画表は作成しましょう。できれば有料ソフトを利用して、返済が終了するまでの長期間の収支計画も作成します。この時、返済が終わるまでは基本的に黒字になるように、ほどほどに調整することが大切です。

次に「本人に関する書類」を揃えます。収入証明書類や住民票のほか、銀行によっては履歴書・経歴書を求められることもあります。個人書類はあらかじめ１セット作っておき、毎年リニューアルしていけば手間もかかりません。

すべてを用意したら、これらを見やすくきれいにまとめます。Ａ４で統一、ホチキスは左とじ、表紙や目次・ページ番号を付ける、などは基本です。

以上のような書類を持って銀行に向かうことになります。一つの銀行で断られたとしても、あきらめてはいけません。いくつもの金融機関にあたってみましょう。数多くの金融機関と交渉するうちに、融資を受けるためのポイントも摑めてきます。

「100：10：３：１」の法則にならえば、融資を申し込んだ物件が３物件あったなら、そのうちの１件くらいは融資が通って、いよいよ物件を手に入れることができます。

図43　融資申し込みに必要な書類

□物件に関するもの

●住宅地図、路線価図、公図、建物図面、登記簿、評価証明
●マイソク（販売図面）、売買契約書、重要事項説明書
●物件の写真、周辺環境の説明、収支計画

□個人に関するもの

●過去3年分の収入証明（源泉徴収票、確定申告書、決算書など）
●住民票、運転免許証（保険証）などのコピー、履歴書（経歴書）

物件検索〜決済までの流れ

上記の必要書類の中で、「売買契約書」「重要事項説明書」は不動産会社との売買契約の際に取り交わす書類となります。次の章で詳しく解説します。

では売買契約や最終の決済までを含めた、これまでとこれからの流れを確認してみましょう。

図44　購入申し込み～融資実行までの手順

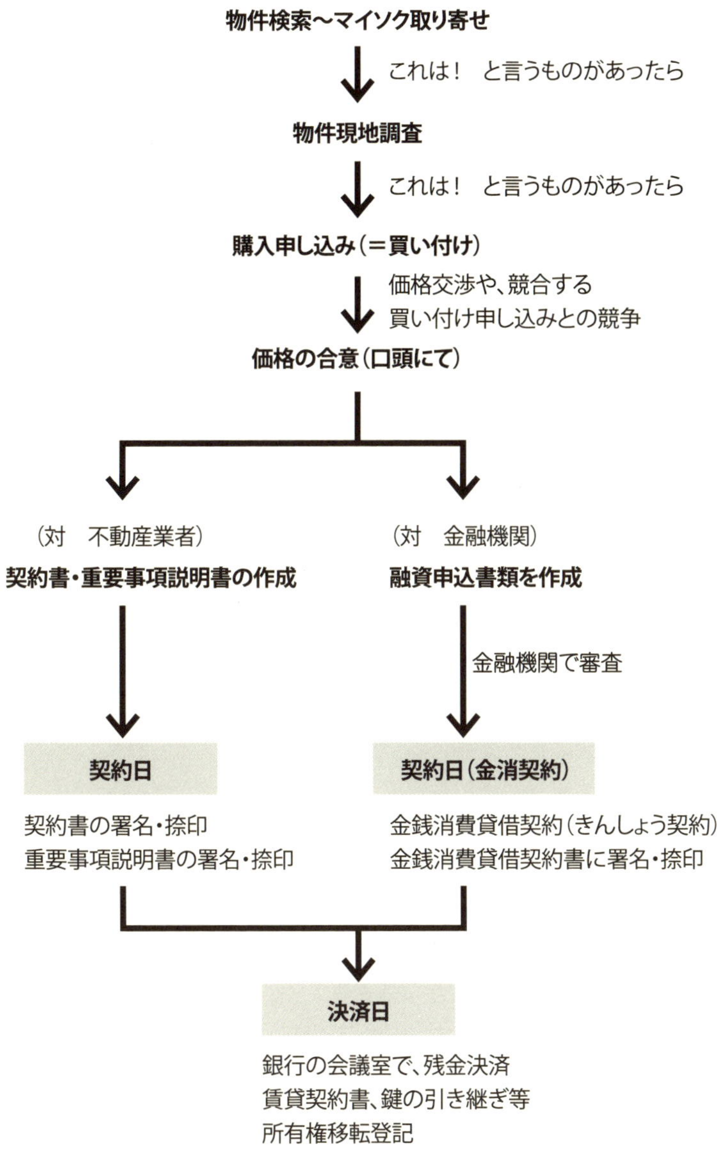
物件検索～マイソク取り寄せ
これは！　と言うものがあったら
物件現地調査
これは！　と言うものがあったら
購入申し込み（＝買い付け）
価格交渉や、競合する
買い付け申し込みとの競争
価格の合意（口頭にて）
（対　不動産業者）
契約書・重要事項説明書の作成
（対　金融機関）
融資申込書類を作成
金融機関で審査
契約日
契約書の署名・捺印
重要事項説明書の署名・捺印
契約日（金消契約）
金銭消費貸借契約（きんしょう契約）
金銭消費貸借契約書に署名・捺印
決済日
銀行の会議室で、残金決済
賃貸契約書、鍵の引き継ぎ等
所有権移転登記

Column

「私はこうして大家さんになりました！」その⑤
サラリーマンとしての将来に不安を感じ、不動産に行き着いた

R・Nさん（39歳・会社員）

――不動産投資を始めたきっかけは？

以前から興味は持っていましたが、自分には難しいと考えていました。その後夫と離婚し、収入の口が一つになった時、ふと「リストラされたら収入の道が絶たれる。サラリーマンは危険だ」と実感。女性としてサラリーマンを続けていける自信もなく、何か手立てをと考え、不動産投資に辿り着きました。それからは、今まで遠回りした分を早く回収するためスクールをたくさん受講しました。日本ファイナンシャルアカデミーの体験コースから始め、初級コース、中級コース、上級コースと順を追って勉強しました。不動産関連の本・DVDも大量に購入し知識を深めました。

――最初に買った物件について教えてください。

19室のRCマンションで、価格6000万円、フルローンで、利回りは11.6%。現在保有しているのもこの1棟です。買い付けの際は、物件が地方で何回も足を運べないため、瞬時に判断しなくてはいけなかったことに勇気がいりました。また部屋数が多くリフォームが必要でしたが、物件が遠いこともあり、代金の交渉が難しかったです。

――不動産投資をして良かったと感じることは？

1オーナーとして経営を学べることです。本やスクールで学ぶだけでなく、やはり物件を一つ持ったほうが不動産投資を深く理解することができます。また、管理会社、仲介会社など、いろいろな人との出会いがあり、すべて自分で考えて、交渉したり、妥協したりできるところに魅力を感じています。

特に地方の物件のため、管理会社との関係は大切にしています。コミュニケーションを密にとり、ビジネスパートナーとして対等にお付き合いするようにしています。例えば、管理会社に顔を出すときは1000円程度のお土産を持参したり、女性ということで足元をみられないように、きちんとした身なりで訪問するなど工夫しています。

第5章のまとめ

◎買付申込書を出した後に、勝手に撤回するようなことをすると、不動産会社からの信用を失うことになるので、できるだけしないようにする。

◎買い付けを出す前には、不動産会社に探りを入れ、ある程度の価格交渉を口頭で済ませておく。

◎売買契約したのに物件を買わなかった場合、ペナルティーとして手付金ないしは売買代金の20%を取られてしまう。ローンを使って購入する場合は、ローン特約を必ず付けるようにする。

◎融資審査は、政府系金融機関→都市銀行→地方銀行、信用金庫、信用組合というように、なるべく上位の金融機関から順番に受けるようにする。

◎融資は、不動産会社などから紹介を受けてから話をしに行くようにする。

◎積算評価が低いために融資を断られた場合でも、収益性の高い物件ならば、収益評価を重視するほかの銀行に持ち込めば融資が得られる可能性が高くなる。

◎最初の融資申し込みでいきなりOKが出ることはまずないので、一つめの金融機関で断られたら、すぐに次の金融機関を回るようにする。

購入手続き・
賃貸付けはこうする

Paragraph-1

購入手続きで気を付けるべきこと

買い付け申し込みから売買契約までの期間は１週間。この間に、契約書類を読みこなし、価格交渉とともに契約内容を固めていく。

契約締結までの期間に
物件の詳細や契約内容を確認する

買い付け申し込み後、具体的な価格交渉に進み、折り合いが付いたら晴れて売買契約です。買い付け申し込みで提示した買い値はおよその価格でしたが、契約締結までの期間には、物件の詳細や契約内容を確認しつつ、より具体的な価格を決めていきます。

価格が決まり、売買契約を結ぶことで、銀行への融資申し込みに進むことができます。

慎重かつスピーディーに契約を進める

指し値（値引きした金額）なしで買い付けを出した場合は、その値段で契約手続きへと移行することになります。一方、多少なりとも指し値で買い付けした場合は、契約手続きの前により具体的な価格交渉が行われます。買主と売主がお互いの希望価格を出して、契約内容なども勘案しつつすり合わせをしていきます。

仲介に入った不動産会社に契約を急がされるかもしれませんが、あせらず慎重に進めましょう。ただ、**あまり引き延ばしすぎると交渉権が他の人に移ってしまうおそれもある**ので迅速な対応を心がけます。

売買金額が決まると、売主側の不動産会社により「重要事項説明書（重説）」と「売買契約書」などの書類が作成されます。書類を受け取ってから１週間程度の間に目を通し、疑問点があれば何度でも不動産会社

に確認します。

契約日までに取り寄せてチェックすべき書類

1. **売買契約書**
2. **重要事項説明書**
3. **賃貸契約書のコピー（オーナーチェンジの場合）**
4. **登記簿**
5. **管理規約（区分所有の場合）**
6. **管理組合の決算報告書（区分所有の場合）**

書類は必ず事前にチェックする

契約書類の事前チェックは絶対に欠かせません。契約当日に見せられて、その場で判断できるものではありません。**なるべく早い段階で重説・契約書等のコピーを送ってもらい、徹底的にチェック**します。

マイソク（販売資料）に書かれていたのと全然違うことが、契約書に書かれているケースもあり得ます。極端な話、マイソクは広告なので、間違いがあっても法的には問われません。しかし、重説・契約書は法的拘束力があり、ここに書かれたことが最終的な決定事項になります。

自分で目を通すのはもちろん、不動産取引に詳しい知り合いや不動産取引の経験がある司法書士などの専門家に依頼し、チェックをしてもらうことをお勧めします。

Paragraph-2

売買契約書・重要事項説明書のチェックポイント

膨大な契約書類を読みこなさなければ、不動産オーナーにはなれない。基本のポイントは自分でチェックし、専門家にも依頼して確証を得よう。

重要事項説明書のほうがより詳しく記載されている

ここでは契約書類のメインである「重要事項説明書（重説）」と「売買契約書」について解説します。この二つには基本的には同じ事項が記載されていますが、重説のほうがより詳しく記載されていると考えてください。

不動産会社から送られてきた**重説・売買契約書を見て、販売資料や不動産会社の説明と異なる点、新たに判明した費用などがあれば必ず確認**します。そして問題点があればクリアにし、発覚したマイナス要因は値下げ交渉の材料として利用します。

不動産会社から最初に渡された重説・売買契約書はあくまでも文案です。その内容をもとにリクエストや金額交渉を行い、最終的な契約内容を決定していくと考えてください。

重説でチェックするポイント

重説はおおむね以下のような項目から構成されています。それぞれ解説していきましょう。

1．土地・建物に関する事項

ここで重要なのが権利の種類です。「所有権」「地上権」「貸借権」などがありますが、**必ず「所有権」になっていることを確認します**。実際には所有権ではないのに、マイソクに「所有権」と書いて売られている可能性があります。「所有権」と「地上権」「貸借権」では物件価格に大きな開きがあります。

登記の有無も確認します。不動産登記がされていない違法な未登記物件・未登記建物がまれにありますが、避けるべきでしょう。

建物に関しては、床面積を見て、販売資料との相違をチェックします。販売資料には壁の厚みも含めた床面積（壁芯）が記載されていることが多く、重説に記載されている内寸（壁の内側）で測った床面積と差があることがあります。この差が5～10％程度であれば許容範囲でしょう。これがあまりに大きい場合は不動産会社に確認することが必要です。

2．売主、占有状況、登記簿に関する事項

「売主に関する事項」では、売主の住所・名前が記載されています。契約当日には売主本人が来ていることを運転免許証などで確かめます。

「占有に関する事項」とは、賃貸契約者に関する内容です。入居者がいる場合には、賃貸契約の内容もチェックします。

「登記簿に記載された事項」では、所有権に関して、売主の名義と同じになっているかを確認します。登記簿の見方は後述します。

3．都市計画や土地区画整理事業に関する事項

ここではまず区域区分を確認します。「市街化区域」になっていれば問題ありません。もし「市街化調整区域」「未線引区域」の場合は原則として建物を建てることができない地域なので、避けるようにしましょう。

また、都市計画道路や区画整理事業にかかっていることが記載されていたら要注意です。将来立ち退きを迫られる可能性があります。

4．建築基準法に関する事項

土地面積と延べ床面積が、建蔽率と容積率の基準内に収まっているか

を確認します。オーバーしていたら違法建築と見なされ融資を受けづらくなります。

なかには建てた当時は建築基準に合っていたものの、その後基準が変わってオーバーした「現況不適格」物件があります。現況不適格物件では、建て替え時には現在と同じ面積の建物を建てられません。デメリットであることは確かなので、値引き交渉の材料として利用します。

5．敷地と道路に関する事項

ここではまず接道状況を見ます。幅4メートル以上の道路に2メートル以上接していなければ「再建築不可」になり、物件の価値は下がります。接している道路の幅が狭い場合は、それに見合った値下げがされていなければ意味がないということになります。

道路の種類には公道と私道がありますが、公道であることが基本です。私道であっても「位置指定道路」「42条2項道路」なら、公道と同じように扱われ、再建築は可能です。ただ、土地の価値は下がります。

6．ライフラインに関する事項

ここでは飲用水、ガス、電気の供給施設や排水施設の状況が書かれています。日常的な経費となる項目です。マイソクに書かれていなかった費用がここで判明した場合には、価格交渉の材料と考えます。

まずはガス。都市ガスとプロパンガスがありますが、オーナーにとっては、ガス機器の導入や修理をガス会社が負担してくれるため、プロパンガスのほうにメリットがあります。

排水に関しては、公共下水ではなく浄化槽を利用している場合、定期的にメンテナンスが必要になるので、メンテナンス期間や料金を確認します。

水道に関しては、新築物件の場合は自治体に水道加入金を支払う可能性があるので注意が必要です。

7. 管理・使用に関する規約等（区分所有のみ）

マンションの管理規約や使用の方法に関する項目です。通常、マンションには管理規約があるので、取り寄せてその内容と合わせてチェックします。

ここで確認すべきは用途制限、つまり店舗や事務所への転用が可能かどうかです。不可であれば、管理状態は良好に維持されると考えられますが、賃貸の可能性が狭まるというデメリットもあります。ペットの飼育・楽器使用に関しても同様に考えられます。

次にフローリング使用。フローリングを禁止されていたり、高い遮音性を要求されている物件の場合、投資家としては不利になります。マンションのグレード感が売りの物件であれば、管理内容を重視したほうがよいでしょう。

共有部分に関しては、バルコニーや専用庭、駐車場、駐輪場などに利用料が発生するかどうかを確認します。発生する場合には、それも値下げ交渉の材料にします。

8. 管理費、修繕積立金について

管理組合に払う管理費に関して記載されています。管理費は滞納額がないかどうかを確認します。

修繕積立金の欄には、マンション全体での積立額が書かれています。全体の規模で考えて適正な額が積み立てされているかどうかを大まかに計算してみましょう。管理費や修繕積立金に関しては、管理組合の決算報告書も確認し、健全な経営が行われているかをチェックします。

9. 契約の解除に関する事項、違約金に関する事項

ここは最重要ポイントです。「手付解除」「契約違反による解除」「融資利用の特約による解除」など、契約をキャンセルしたときのペナルティー（違約金）について記載されています。

「手付解除」は、決められた期限内に買主が契約をキャンセルした場合、手付金を放棄するというもの。手付金は売買代金の5～10%が相

場です。反対に売主側がこの期間内にキャンセルした場合は、「手付倍返し」といい、手付金の2倍の金額を支払います。
「契約違反による解除」は手付解除期限が過ぎた後でキャンセルするもので、「売買代金の10～20%」といった重いペナルティーが課されます。
「融資利用の特約による解除」はローン特約のこと。手付金も返金され、買主にとって全く損がないキャンセル方法です。

10. 金銭の貸借に関する事項

ローン特約についてより細かい記載があります。融資を受けようとする金融機関、融資金額、金利、返済期間などの各種条件を記載し、それ以下の条件でしか融資の許可が下りなかった場合、ローン特約に従って契約をキャンセルできることになります。

11. 備考欄

その他イレギュラーな項目については備考欄に記載されるのが通常です。売主にとって不利な条件などがさりげなく盛り込まれている場合もあるので、見逃さずに価格交渉につなげましょう。

売買契約書には建物価格を記載してもらう

売買契約書と重説はほとんど同じ内容が記載されています。ただ一点違うのは、売買契約書には、土地・建物の金額を記載する箇所があるということです。区分所有の場合は土地価格を明確にすることはできませんが、1棟ものなら土地建物の割合・金額を明確にすることは可能です。第3章でも述べましたが、建物金額は減価償却費に直接影響してきます。**自分の希望も伝えつつ記載してもらいましょう。**

その他の内容については、重説と同じかどうかをきちんと確認します。

瑕疵担保責任の期間を交渉する

契約書の裏面には契約約款が細かい字で記載されています。この中で絶対に見落としてはいけないのが「瑕疵担保」に関する事項です。**購入後に隠れたる瑕疵（事前に知ることができなかった致命的な欠陥）が判明した場合、売主の責任で修理をする、もしくは契約解除ができるという取り決めが瑕疵担保**です。その期限は文面上では２～３カ月となっているのが一般的です。この期間を長くとれれば買主にとっては有利になります。

瑕疵というのは、例えば**雨漏り、シロアリの害、建物構造上主要な木部の腐食、給排水設備の故障など**を指します。特に給排水設備は買った後しばらくしてから故障が発覚し、多額の修理費用がかかることもあります。

できれば１年間、短くても半年を主張しましょう。売主が不動産会社の場合、無条件で２年間となります。そうでない場合は交渉次第となります。

瑕疵担保がない「瑕疵担保免責」物件はリスクが高いので避けたほうが無難でしょう。

Paragraph-3

賃貸契約書のチェックポイント

オーナーチェンジ物件ならば賃貸契約書の確認も必要になってくる。今後の賃貸経営に大きく影響する内容だけに、しっかりと把握しておきたい。

賃貸契約書を読むことで初めてわかる情報もある

オーナーチェンジ物件を買った場合、賃貸契約書を確認する必要があります。賃貸契約書を読むことで初めてわかる情報もあります。賃貸契約書のチェックポイントは以下です。

賃貸契約書のチェックポイント

1．家賃、入居者

相場よりも高すぎる家賃で借りられているなら、疑ってかかりましょう。デザイナーズ物件であるとか、入居者が新築時から住んでいて当時から家賃が変わっていないとか、何らかの理由があれば納得できます。しかし、**さしたる理由もないのに家賃が相場より高い場合は要注意**です。もしかしたら、売主が物件価格を高めるために、短期間だけ身内に高い家賃で契約させているかもしれません。**入居者が入居してから数カ月しか経っておらず、しかも相場より家賃が高い場合は、要注意**です。

１棟ものなら社員寮などグループ利用の有無を確認します。社員寮の契約解除とともに売りに出されたということもあるからです。そうなると空室率100％の物件を買うようなものです。

また、入居者の属性も確認しておきましょう。女性なら女性ばかり、学生なら学生ばかりといったように、属性に偏りがあったほうがトラブルが起きにくいと考えられます。

2．保証金（敷金）、家賃

敷金が何カ月になっているかをチェックします。**敷金０カ月の物件は注意が必要**です。もしかしたら、そのエリア全体で敷金０が標準になっているのかもしれません。買い手市場で競争が激しいエリアであり、新たに参入するのは大変です。

周囲の物件は敷金を取っているのに、その物件だけが敷金０の場合、代わりに家賃が上乗せされている可能性があります。家賃が高くなった分は物件価格に転嫁されます。退去後に家賃が低くなる可能性もあり、注意が必要です。

3．店舗・オフィスの場合

店舗やオフィスでは保証金が６～12カ月程度が基本です。その保証金を前オーナーから引き継ぐことができるかも確認します。引き継ぎされる保証金がない場合、購入後に退去されて保証金を返還しなければならない状況になっても、払いきれない可能性があります。

退去時の原状回復が入居者とオーナーのどちらの負担になっているかもチェックします。店舗やオフィスの場合は原状回復するのに大きな出費がかかるからです。

4．契約者の氏名と表札

契約で禁止しているのに、又貸しされてしまっているケースがあります。トラブルになりやすいので、契約者と表札の名前が合っているかも必ず調べるようにします。

5．家賃のばらつき

１棟もので複数の部屋がある場合、家賃のばらつきをチェックします。安い家賃と高い家賃が混在していれば、最も入居日が浅い人の家賃が相場の家賃ということになります。新しい家賃で利回りを計算しなおすことが必要になります。

Paragraph-4

登記簿のチェックポイント

登記簿は普段は目にすることはない書類だ。一見取っつきにくいがポイントを押さえれば読み解くのはそれほど難しくはない。

登記簿は物件の権利関係を表す書類

登記簿は物件の権利関係を表す書類です。その内容は大きく「表題部」「甲区」「乙区」に分かれています。表題部には、所在地や構造など、土地・建物の概要が示されています。区分所有物件の場合、建物全体の表題部と専有部分の表題部があります。表題部では契約書と相違はないか住所や面積をチェックします。

甲区、乙区で確認しておきたいポイントは以下の通りです。

甲区のチェックポイント

甲区には、所有者の変遷や所有権移転の時期や理由が示されています。差し押さえが行われたことも記載されています。

ここでは「売主＝所有者」であることを確かめます。そうではない場合は、所有者を装っている「手付金詐欺」等の可能性も考えられますので注意が必要です。「売主＝所有者」であるか否かは、契約日に身分証明書を提示してもらいチェックします。

乙区のチェックポイント

乙区は「どこからお金を借りているか」が示されています。第５章の「融資に関する基礎知識」でも解説したように、銀行に融資を受けて物件を買う際は、抵当権か根抵当権が設定され、その内容が乙区に記載されます。

ただ、これらは現所有者が融資を受けた時の記載なので、購入すれば担保権の抹消と所有権の移転作業がなされ、新たな内容に修正されます。

念のため、現所有者が融資を受けていた金融機関をチェックします。普通の金融機関であれば問題ありませんが、**怪しげな金融業者から借りていた場合、担保権が正常に抹消できるかどうか、確かめましょう。多くの抵当が付いている場合は特に注意**します。

図45 登記簿謄本の例

東京都世田谷区□□町○丁目1-2 **全部事項証明書（土地）**

【表題部】（土地の表示）	調製　平成○年○月○日	地図番号	［余白］
【不動産番号】01234567890			
【所在】東京都世田谷区□□町○丁目	［余白］		

【①地番】	【②地目】	【③地積】㎡		【原因及びその日付】	【登記の日付】
1番2	宅地	304	00	昭和○年○月○日　1番1から分筆	昭和○年○月○日
［余白］	［余白］	［余白］		［余白］	昭和57年法務省令第37号附則第2条第2項の規定により移記 平成○年○月○日

【権利部（甲区）】（所有権に関する事項）

【順位番号】	【登記の目的】	【受付年月日・受付番号】	【原図】	【権利者その他の事項】
1	所有権移転	昭和○年○月○日 第12345号	昭和○年○月○日売買	所有者 東京都豊島区池袋一丁目0番地0号 株式会社□□□□ 順位2番の登記を移転
	［余白］	［余白］	［余白］	昭和57年法務省令第37号附則第2条第2項の規定により移記 平成○年○月○日

【権利部（乙区）】（所有権以外の権利に関する事項）

【順位番号】	【登記の目的】	【受付年月日・受付番号】	【原図】	【権利者その他の事項】
1	根抵当権設定	昭和○年○月○日 第01234号	昭和○年○月○日設定	極度額　金2億2,000万円 債券の範囲　銀行取引　手形債権 小切手債権 債務者 東京都豊島区池袋一丁目0番0号 株式会社□□□□ 根抵当権者 東京都中央区八重洲1丁目0番0号 ABC銀行（取扱店　池袋店）

Paragraph-5

管理規約・管理組合の決算報告書のチェックポイント

管理規約によって管理状態も変わってくるので内容確認が大切。決算報告書からは管理組合の経営状態を読み取れる。

管理規約がない物件は、融資が受けづらい

区分所有のマンションを買った場合、管理規約や管理組合の決算報告書も合わせてチェックします。マンションでも管理規約がない物件は、管理状態が悪いことの裏返しになり、融資を受けづらくなります。**一棟ものを買った場合は、管理規約や決算報告書などは基本的にありません。オーナーが自分で規約を決め、修繕費用なども自分で負担するから**です。

管理規約のチェックポイント

先ほども少し触れましたが、管理規約は以下のような点をチェックします。

○ペット飼育の可否
○ピアノ等楽器使用の可否
○灯油ストーブ使用の可否
○フローリング使用の可否
○リフォーム時の許可申請の有無

ペットや楽器の使用については前述しましたが、メリットでもデメリットでもあります。

「リフォーム時の許可申請の有無」は、リフォームする際に管理組合に届け出る必要があるかどうかです。申請を出す必要があるのに無断でリフォームすれば問題になります。リフォームをリフォーム会社に頼む場合は、リフォーム会社から許可申請してもらうよう伝えなければなりません。

こういった管理規約は、購入後、不動産会社に賃貸付けをお願いする際に自分で伝える事項となってくるので、事前に把握しておいてください。

決算報告書で積み立て・滞納状況を見る

管理組合では毎年簡単な決算報告書を作成します。決算書の内容を見れば組合運営の健全性を知ることができます。見るべきポイントは、**毎年の収支が赤字になっていないかどうか**です。赤字になっていたら、健全な運営がなされていないと考えられます。

決算書には修繕積立金の積み立て状況も記載されています。「未収金」の額を見て、金額が大きければ、修繕積立金の滞納者も多いということになり、入居者のモラルが低い、管理会社が機能していないなどの問題が考えられます。

また、**「積立金の総額」も確認します。総額が異様に少ない場合は、管理会社が倒産したか持ち逃げしたために、ゼロから積み立てをやり直している**といった理由が考えられます。修繕積立金の総額が少なすぎる場合、大規模修繕の際に多額の修繕費を要求される可能性があります。

Paragraph 6

契約・決済当日のチェックポイント

物件探しからの道のりもいよいよ最終段階。納得できる契約を結ぶためにも、最後まで気を抜いてはならない。

1週間のうちに契約内容などを徹底的にチェック

価格交渉がほぼまとまり、契約書・重説の内容が固まったところで契約の締結に移ります。買い付け申し込みを出してから契約日までは約1週間。この**1週間のうちに契約内容などを徹底的にチェックし、不明点をクリアにしたり、詳細な金額交渉を行ったりします。**

ただ、ここでおおよその内容が固まったからといって、気を抜いてはいけません。契約日当日に新たな情報が判明することもあるからです。新たに判明した情報は、最終的な価格交渉の材料に使います。

売主を身分証明書で確認する

契約は不動産会社で行われます。契約日は買主と売主のスケジュールを調整して設定されるので、土日になることも多いでしょう。当日はまず重要事項説明が行われます。重説の内容を全て読み上げるので、1時間以上はかかります。重要事項説明に続いて契約の締結が行われます。全てに納得することができたら、サイン・捺印をします。

契約日当日に注意することは以下の2点になります。

・**同席者の確認**
・**条件変更を飲まない**

同席者は、売主、買主、そして宅建主任者です。重要事項説明書の説明の際には、宅建業の主任者免許を持った不動産仲介会社が同席する義務があるので、必ず免許の提示を受けてください。

売主も同席するのが基本です。手付金詐欺にかからないためにも、**売主が本人かどうか（登記簿にある所有者と同じかどうか）を確認**しなければなりません。運転免許証などの身分証明書の提示を受けてください。売主が同席できない場合は委任状が用意されていますが、その場合は、印鑑証明書も合わせて見せてもらいます。不動産会社が難色を示したとしても、臆せず堂々と要求してください。

不動産取引では性善説に立って考えてはいけません。性悪説に立つ必要があります。多くの不動産会社が良心的な経営をしている陰で、悪徳業者もいます。悪徳とまではいかなくても、**平気でウソを言う人も世の中にはいます。「ひょっとしたら騙されていないだろうか」と、常に身構えておく**必要があります。

当日になっての条件変更を飲まない

注意点の二つめ**「条件変更を飲まない」も大切**です。当日になって条件が変わったり、新たなマイナス材料が判明したり、数字の間違いが発覚することもあります。「組合費月額1000円を記入し忘れていた」など、一見さしたる影響のないものです。たった数千円の金額だからといって、その場で流されて変更条件をすんなり飲んではいけません。

月1000円は、年間で1万2000円。利回り10%なら、物件価格で12万円の差が出るはずの額です。それを「1000円なら……」と見過ごしていてはいけません。月1万円なら、価格で120万円もの差になります。

条件変更があったら、売買金額や契約書の内容を修正するなりしてもらう必要があります。金銭で後日解決することになったら、口約束だけで済ませず一筆書いてもらいましょう。**条件変更があまりにひどい場合は、契約日を設定しなおしてもらう**ことも決断しなければなりません。

契約当日の雰囲気はなごやかです。売主も不動産会社も嬉しいからです。しかし、その雰囲気に流されてはいけません。当日の雰囲気に飲まれそうだと思う人は、第三者を連れて行くといいでしょう。不動産投資に詳しい知り合いがいればベストですが、家族や友人でも構いません。味方が一人でもいると心強いものです。

決済日当日の注意事項

売買契約を結んだ後は、融資申し込みです。売買契約書・重要事項説明書のコピーを銀行に提出し、融資審査を依頼します。審査が通ったところで、今度は銀行とお金を借りる契約を交わします。これを「**金銭消費貸借契約（金消契約）**」と呼びます。金消契約を交わし、お金を借りることができたら、残金を決済します。金消契約や決済は銀行で行われます。

決済日当日は司法書士が同席し、所有権移転の手続きを行います。司法書士は銀行が用意する場合もありますが、なるべくなら自分で探してきた司法書士に同席してもらうようにします。契約日と同様に、家族や友人などを連れて行くのもよいでしょう。要は、自分の味方を一人でも増やすということです。

決済手続きが終わると物件引き渡しということになり、不動産会社から鍵が渡されます。これで晴れて不動産のオーナーになることができました！

Paragraph-7

賃貸付けのコツ

せっかく物件を買っても空室のままでは１円たりとも収入は得られない。１分１秒でも早く入居者探しを始めなければならない。

不動産管理会社に入居者募集を依頼して回る

決済を終え、鍵を受け取ったら、そこからがやっと不動産経営のスタートです。空室物件を買った場合、まず入居者を探さなければなりません。**決済を終えたその足ですぐに物件周辺の不動産管理会社に賃貸付け（入居者募集）を依頼**して回ります。

すぐに賃貸付けを始めよう

空室のままでは収入は入ってきません。一日でも早く空室を解消する必要があります。賃貸付けまでの期間を最短にするために、以下のことを実践しましょう。

○決済日当日、鍵の引き渡しを受けたらすぐに合い鍵を作る
○マイソクの金額欄・不動産管理会社欄を消してコピーを取り、家賃、連絡先などを記入する
○賃貸付け管理会社にマイソクと鍵を渡す。引き替えに鍵預かり証を発行してもらう

鍵を受け取ったらすぐに合い鍵を複数作成します。またマイソクの物件価格・管理費・修繕費・不動産会社名などの不要な欄を修正液で消し、家賃や連絡先を書き入れた上で、多めにコピーを取ります。鍵とマイソ

クのコピーを持って複数の管理会社を回り、賃貸仲介の依頼をします。

鍵を持っていくのは、賃貸付けまでの期間を早くするためです。鍵を置いておけば、入居希望者をすぐに物件に案内してもらえます。鍵を預けたら必ず「預かり証」を受け取りましょう。

マイソクはそのまま入居者向けの資料に使われます。家賃に関しては、管理会社にその家賃で妥当かどうか念のため意見を聞きましょう。ただし前提としては、家賃も考慮した上で物件を買っているので、想定家賃と大きな差はないはずです。

管理会社に訪問した際は、管理内容や保証サービスについて確認しておきます。独自管理をしている場合と、どこかの管理会社や保証会社と提携している場合があり、サービス内容も費用も異なります。管理や滞納保証サービスについても第7章で解説します。

効果的な賃貸付けのポイント

・とにかく数多くの不動産管理会社を回る

不動産管理会社に賃貸の仲介依頼をする方法には、「専任媒介」と「一般媒介」があります。詳しくは第7章で説明しますが、基本的には「一般媒介」で依頼します。一般媒介では、賃貸付けを依頼する管理会社が多ければ多いほど入居者が早く見つかります。依頼する際は、複数の管理会社に同時に依頼していることを伝え、競争心を煽ります。

入居者が決まったら、仲介を依頼した全ての管理会社にすぐにその旨を伝えます。

・マイソク（賃貸募集図面）を工夫する

カラーモニタ付きドアホン、洗浄便座、ディンプルキーなど、入居者にとってのメリットは目立つように記載します。マイソクを自分できれいに作り直してもいいでしょう。「リフォーム済み」もアピールポイントの一つです。実際にはまだリフォームが済んでいなくても、「○○をリフォーム予定」と記載しておきます。

第６章のまとめ

◎契約書類は、なるべく早い段階で重説・契約書等の文章を送ってもらい、徹底的にチェックする。

◎不動産会社から送られてきた重要事項説明書・売買契約書を見て、販売資料や不動産会社の説明と異なる点、新たに判明した費用などがあれば必ず確認する。

◎不動産会社から最初に渡された重説・売買契約書はあくまでも文案にすぎない。その内容をもとにリクエストや金額交渉を行い、最終的な契約内容を決定する。

◎さしたる理由もないのに家賃が相場より高い場合は要注意。もしかしたら、売主が物件価格を高めるために、短期間だけ身内に高い家賃で契約させている可能性も。

◎契約日当日は、売主、買主、そして宅建主任者が同席する。重要事項説明書の説明の際には、宅建業の主任者免許を持った不動産仲介会社が同席する義務があるので、必ず免許の提示を受ける。手付金詐欺にかからないためにも、売主が本人かどうか（登記簿にある所有者と同じかどうか）を確認する。契約日当日の条件変更は絶対に飲まない。

◎決済を終えたその足ですぐに物件周辺の不動産管理会社に賃貸付け（入居者募集）を依頼して回る。

リフォームして利回りアップ！の
テクニックと裏ワザ

Paragraph-1

リフォームについての考え方

リフォームによる家賃アップは不動産経営の投資効率を高める重要な手段である。その効果を知り、投資戦略に役立てよう。

リフォームは究極の利回りアップ術

中古物件をリフォームして一手間かけることでバリューアップすれば、リフォーム前より高い家賃を設定することができます。家賃が上がれば利回りも向上します。リフォームは究極の利回りアップ術と言えます。必要に応じてリフォームを実施して利回りアップを図りましょう。

この章では中古のマンション・アパートの内装リフォームに絞って解説していきます。

リフォームすることでさらに利回りがアップ

具体的な数字で考えてみましょう。価格500万円・年間家賃収入50万円・表面利回り10%の物件を、400万円に値切って購入したとすると、表面利回りは10%から12.5%にアップします。通常はここが限界と考えるでしょう。しかし、リフォームをすることで、ここからさらに利回りがアップします。

リフォームを施すことで家賃が月2万円アップすれば、年間家賃収入は74万円。そうなると利回りは74万円÷500万円×100＝14.8%で、当初の利回り10%と比較すると約5割増しです。

普通、金融商品の価格や利回りは、最初から決まっているか市場価格で決められてしまいます。しかし不動産は、交渉次第で値下げすることができ、さらにリフォームという手段を使えば利回りをアップさせるこ

図46 **値引き、リフォームすることで高利回り物件へと変貌する**

価格500万円、年間家賃50万円…**利回り10%**

↓ ①100万円の値引き

価格400万円、年間家賃50万円…**利回り12.5%**

↓ ②またはリフォーム

価格500万円、年間家賃74万円…**利回り14.8%**

ともできます。これが不動産の大きな魅力です。

利回りだけじゃない！　リフォームのメリット

リフォームすることで「表面利回り」は向上しますが、「実質利回り」に関しても表面利回り以上にプラス効果が得られます。リフォームすることで家賃はアップしますが、固定費・維持費（管理費、修繕積立金、固定資産税、返済等）にはほとんど変化がありません。すると、実質的な収入だけが増えることになります。

家賃４万円、固定費２万円の物件をリフォームし、家賃が1.5倍の６万円にアップしたとします。固定費はそのままとすると、純収益は２万円から４万円の倍にアップします。見た目以上に大きな効果が得られるのがリフォームなのです。さらに家賃をアップさせることで、質の良い入居者を獲得できるというメリットもあります。家賃の安い部屋に住む入居者より高い部屋に住む入居者のほうが、一般的に経済状態が安定しているからです。また、**家賃のアップは敷金・礼金による収入増にもつながります。**敷金はリフォームの原資にすることができ、さらなるバリューアップを図れるという好循環が生まれます。

Paragraph-2

物件購入からリフォームまでの流れ

物件の鍵を受け取ってからリフォームを考えていたのでは遅すぎる。買い付け申し込みの段階から準備を始めなければならない。

リフォーム作業は一刻も早く終わらせる

リフォーム期間中は当然ながら家賃収入は得られません。入居希望者を案内することはできますが、工事中で見栄えがよくないこの期間に、契約に至ることはなかなかないでしょう。リフォーム作業は一刻も早く終わらせることが得策です。となると、少しでも早くリフォーム作業に着手しなければなりません。いつから始めればいいのでしょうか。

物件購入前からリフォームは始まる

リフォーム会社探し、部屋の内見、見積もり依頼、工事手配、実際の工事など、リフォームには意外と時間がかかります。物件を購入し、決済を済ませてからリフォーム会社を探しているようでは遅すぎです。物件の引き渡しを受けてからすぐに作業を開始できるくらいでなければなりません。そのためには、**あらかじめ見積もり依頼やリフォーム会社選定まで済ませておく**必要があります。

具体的には、**買い付け申し込みを出し、銀行回りを始めたあたりからリフォーム会社選びも行います**。内見の際にリフォーム会社を呼び、工事箇所を見せて見積もりを依頼。もちろん数社に合い見積もりを取ります。そして、見積もり内容を比較して、依頼するリフォーム会社を決めておきます。**物件を購入できる見込みが立った頃には、もう発注して工事日を決めてしまってもいい**でしょう。

あらかじめリフォームの見積もりを取っておくことで、それを織り込んでより精度の高い収支計算をすることができます。また、リフォーム金額を値引き材料に交渉を進めることもできます。

図47 **購入手続きや銀行回りと同時にリフォーム手配を進める**

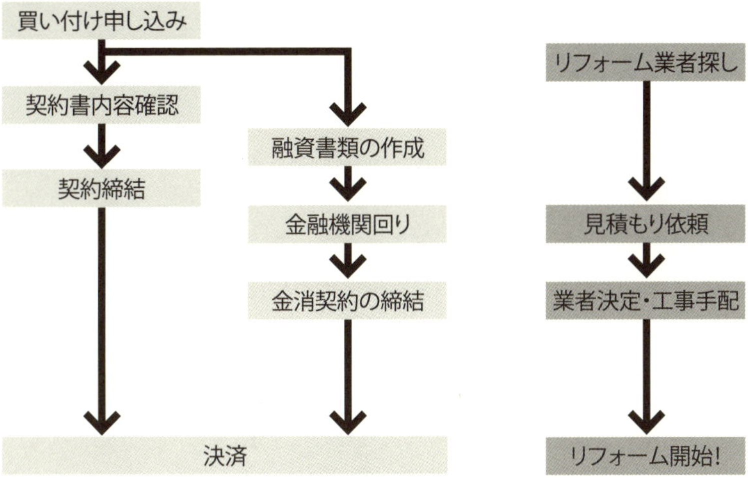

1棟ものの場合、1室をモデルルームにする

区分所有物件であればリフォーム期間は短くて済みますが、アパート1棟ものの場合、複数の部屋のリフォームを終えるには時間がかかります。その間、入居者の募集を全くしないのは時間のムダです。そんなときは1室だけでも先に終わらせて、その部屋をモデルルーム代わりにするという方法で対処します。ただし、日当たりや間取りなどが部屋によって異なる場合があるので、その点は説明してもらうよう注意を促します。

Paragraph-3

リフォームの費用対効果とコストダウンの方法

リフォームすれば必ず家賃アップにつながるというものでもない。最低限のコストで最大の効果を得るリフォームをする必要がある。

リフォーム費用の目安は「値引き幅」と同程度

収益物件のリフォームは、あくまでも家賃を上げて投資効率を高めるためのリフォームです。したがって、リフォーム費用にある程度の上限を設けて、その範囲内で**費用対効果の高い箇所に集中してリフォームすべき**です。**リフォーム費用の目安は「値引き幅」と同程度**と考えてみましょう。30万円程度の値引きができたら、その30万円を使ってリフォームするということです。

費用対効果の高い箇所を重点的に

リフォームの費用対効果の高い箇所とは、入居者に対するアピール度の高い箇所です。具体的には以下の点で判断します。

- **内見のために部屋に入った時に、すぐに目につくもの**
- **募集広告のうたい文句にできる設備**

例えば、モニタ付きドアホンや温水洗浄便座、シャンプードレッサーなどは、部屋に入った時にすぐに目につき、また募集広告に書くことで注目度を高めることができます。これらの費用対効果の高い設備は優先的に設置すべきです。お風呂用テレビなど、ちょっと珍しい設備も目を引きます。安く仕入れることができれば設置してもいいでしょう。

また、例えばシステムキッチン、照明器具、エアコン、ディンプルキーについてはどうでしょうか。ファミリータイプの部屋の場合はキッチンを充実させることで喜ばれるかもしれませんが、システムキッチンの取付費用は高額です。費用対効果は高いとは言えません。

照明は付いていて当然ですので、ホームセンターで買った数千円のものを取り付けておけば十分です。ちなみに入居者募集期間は必ず通電させておき、全ての照明が点灯するようにしておきます。夕方や夜に内見に来る人に対して、少しでも部屋を明るく見せるためです。

エアコンも昨今では必需品です。安くてもいいので取り付けておきましょう。セキュリティ効果の高いディンプルキー*は、メリットに感じる人もいれば、感じない人もいます。優先順位としては低い箇所です。

壁紙（クロス）などは費用対効果の低い箇所です。「シックハウス対策」「マイナスイオン発生」などの高機能な壁紙もありますが、パッと見でその良さはわかりません。優先順位を低く考えます。

リフォームコストの節減

リフォームの費用対効果を高めるには、上記のような設備を徹底的に安い値段で仕入れることが重要になります。**商品の仕入れコストと、リフォーム会社に払う取り付け・工事コスト、この両面からコストダウンを**図りましょう。

仕入れの面では、リフォーム会社から物を買わず、直接仕入れることによってコスト削減が可能です。リフォーム会社に依頼するのは工事や取り付けの作業のみ。商品の購入までを頼むと余計なコストを上乗せされます。商品はホームセンターなどで購入したほうが安く済むものがほとんどです。ネットオークションを利用するという手もあります。

また、一流メーカーの商品を選ぶのではなく、ランクを下げるのも仕入れコストをダウンする方法です。温水洗浄便座やドアホンなどは付いていること自体に価値があります。多少デザインに難があったりサイズが大きめでも、使い勝手や入居者に与える印象はあまり変わりません。

---

*ディンプルキー：鍵の表面に多数の小さなくぼみをつけた鍵。複製が非常に難しく防犯性が高い。

家賃に対する影響が変わらないのであれば安いものを買ったほうがお得です。

取り付け・工事コストの面では、リフォーム会社を使い分ける、職人に直接発注するなどで、コストダウンが図れます。

Paragraph-4

リフォーム会社の選定方法

利回りアップの究極の手段であるリフォーム。信頼できるリフォーム会社・職人を見つけることが大切だ。

工事コストもできるだけ節約する

商品を仕入れたら、次にすることは取り付けや工事です。DIYが好きな人なら自分で取り付けてもいいでしょうが、自分でできない人、時間を節約したい人はリフォーム会社に依頼することになります。この時、リフォーム会社に払う工事コストも、いろいろな方法を駆使してできるだけ節約を図ることが大切です。

リフォームの外注コストをカットする

リフォームを外注する際は誰に任せるかがポイントになります。リフォーム会社に任せたほうがいい場合と、職人個人に発注したほうがいい場合があり、使い分けが必要です。職人に直接発注すれば費用を安く抑えることができます。

・職人に直接発注する

リフォーム会社の多くは実際の工事作業を職人に外注しており、ここでマージンが発生します。そこで、職人に直接発注すれば中間コストをカットできます。

職人を探すには、電話帳でもいいのですが、ネットオークションを利用する方法もあります。例えば「エアコン　工事」で検索すると、エアコン設置工事サービスがたくさんリストアップされます。なかには個人営業の職人が出品しているケースもあり、おおむね市場価格よりも低価格です。オークションに出品している職人であれば、メールでコミュニケーションできるというメリットもあります。

このようにして**自分で探してきた職人に直接発注することで、工事コストを抑える**ことができます。

リフォーム代金の支払いには注意する

リフォーム会社でも職人でも、リフォームを発注する際に注意したいのが支払いです。大規模なリフォームになれば金額も数十万〜数百万円になります。これを前金・一括で支払うのは危険です。手抜き工事をされたり、途中でリフォーム会社が倒産するという可能性も考えられるからです。**発注する際は工事終了箇所ごとの後払いにする**ことを確認しましょう。

また、見積もりは必ず複数のリフォーム会社に依頼するのが鉄則です。1円でも安くリフォームを仕上げて費用対効果を高めましょう。

リフォーム会社・職人はパートナー

物件を購入してすぐに大規模なリフォームをしてしまい、数年ごとの入退去時はルームクリーニングや設備の修理程度で済ませるというのが理想のリフォームサイクルです。

大規模なリフォームから10年程度経って設備が老朽化してきたら、再びてこ入れのための大規模リフォームが必要になります。不動産の寿命を延ばすためにも、リフォームは不動産経営とは切っても切り離せないものです。

リフォームは投資効率を高めるための手段であり、リフォーム会社は不動産経営における重要なビジネスパートナーです。物件を持っているエリアで、安くて腕のいいリフォーム会社・職人をいかにして見つけ、信頼関係を築けるかが、成功する不動産投資の秘訣と言えます。

第7章のまとめ

◎買い付け申し込みを出し、銀行回りを始めたあたりからリフォーム会社選びを行う。数社に合い見積もりを取り、見積もり内容を比較して、依頼するリフォーム会社を決める。

◎費用対効果の高い箇所に集中してリフォームすべきである。リフォーム費用は物件の「値引き幅」と同程度を目安に。

◎リフォーム箇所は、「部屋に入った時、すぐに目につくもの」「募集広告のうたい文句にできる設備」など、入居者に対するアピール度の高いところを優先する。

◎商品の仕入れコストと、リフォーム会社に払う取り付け・工事コスト、この両面からコストダウンを図る。

◎自分で探してきた職人に直接発注することで、工事コストを抑えることができる。

◎発注する際は、代金の支払いを工事終了箇所ごとの後払いにすることを確認する。

日常の物件管理・運営で注意する10のポイント

Paragraph-1

管理・運用のポイント

物件を買ってリフォームを実施し、いよいよ入居者も決定となったら、後はなるべく少ない手間で、不労所得を手に入れる方法について考えてみよう。そのためには、税務申告のための日々の金銭管理や、緊急時に対応するための仕組みをつくっておくことが必要になる。日々の不動産経営を楽にするための管理・運用のポイントについて解説する。

ポイント１　税務申告のための金銭出納記録

普通のサラリーマンにはあまり縁がありませんが、不動産を一つでも所有するようになったら、必要になってくるのが確定申告です。**毎年３月の確定申告に備えて、日々の入出金について帳簿管理をする**ことが大切になります。不動産経営が小規模のうちは、税理士に頼らず自分でやることも可能です。

記帳や確定申告と聞くと何やら面倒くさそうな印象を受けますが、難しいことはありません。簡単にできる方法を紹介していきましょう。

・金銭出納記録は通帳でＯＫ

何も専用の金銭出納帳を用意して記入する必要はありません。預金通帳があれば十分です。家賃の入金はもちろん、固定資産税やリフォームなど固定費の支払い、ローンの引き落としなどをなるべく一つの通帳を通して行います。**生活用の通帳と不動産投資用の通帳を分けて、不動産関係の取引はなるべく不動産用通帳だけで済ませると、よりわかりやすくなります**。通帳への記録は税務申告の際の証拠書類として有効です。

・**領収書の整理は封筒で**

店で買った備品など、現金払いのものに関しては、**購入時の領収書やレシートを証拠書類として残しておきます**。買い物をしたときは忘れずに受け取るようにしましょう。

領収書やレシートの管理は封筒を使うと簡単です。1月から12月までの月別の封筒を用意し、その中に該当月のレシートを放り込んでおきます。

日々の入出金を記録した通帳と領収書の二つを用意しておけば準備はOKです。確定申告の時期になったらそのまま税理士に渡せば申告書類を作成してもらえます。

図48　日々の金銭管理は「領収書・レシート」と「預金通帳」で

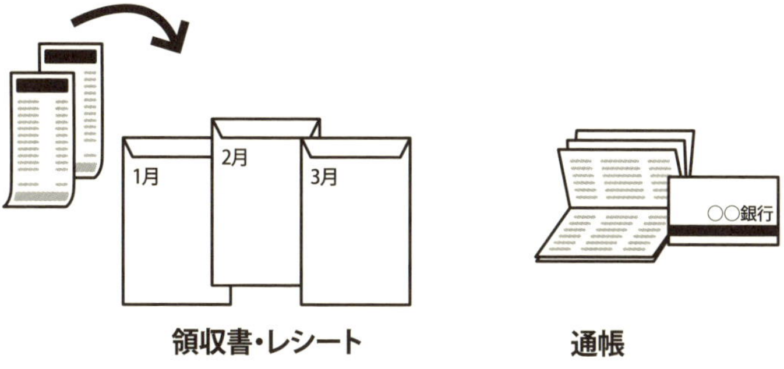

ポイント2　入居者のフォローについて

トイレが詰まった、風呂のお湯が出ない、鍵をなくした、上階の住人の足音がうるさい、家賃が入金されない……などなど、不動産を人に貸していると多くのクレーム・問題が発生します。これらのフォローをオーナーが自ら対応するのは簡単ではありません。

保有物件数が少ないうちは、勉強のためにと自主管理をやってみるという人もいます。自主管理をすれば管理コストが節約できるというメリットもあります。ただし、自主管理は予想外に大変です。トラブルに迅速に対応するため、携帯電話の番号を教えておく必要があります。そうなると夜中に電話が突然かかってくることもあります。対応がまずければ入居者の信頼を失い、退去につながる可能性もあります。

こうした**手間のかかる入居者フォローは管理会社に任せてしまう**にかぎります。月々の手数料を支払うことで、24時間対応してくれる会社もあります。サービス内容は会社によって異なります。手数料の目安としては、「管理のみ」は家賃の３～５％程度、「滞納保証付き」の場合は家賃の５～10％程度です。

ポイント３　家賃督促の方法

すでに入居者が入っている物件をオーナーチェンジで購入した場合、後から滞納保証を付けることができないケースがあります。そんな時に滞納が発生してしまったら、管理会社を通じて、法的手続きを行いましょう。以下のような順に対処を行います。

１．本人・連帯保証人に電話連絡（または督促状を郵送）
仲介会社が動いてくれるようなら依頼してみる。
２．滞納が３カ月に及んだ場合は、内容証明で退去警告。
３．それでもダメなら訴訟を起こす。
４．訴訟の結果、和解勧告が多いが、それでも効かなければ強制執行。

２の内容証明までは自分の力でできますが、３以降は弁護士など専門家の力が必要になります。訴訟は避けたいという人は、立ち退き交渉代行を提供している会社もありますので、インターネットで探して利用するのもいいでしょう。いずれにしても時間とお金がかかり、損することは確かです。

最悪のパターンである強制執行にまで至った場合には、早くても最低

6カ月、長ければ1年近く家賃が未納期間となり、不動産経営に大きなダメージが残ります。**滞納保証は必ず利用する**ようにしましょう。

ポイント4　不動産を守る保険の入り方

不動産経営には、家賃の滞納やクレームだけでなく、さまざまなトラブルが降りかかってきます。代表的なのは地震や火災などです。こうしたリスクに対処するには保険に入るのが一番です。しかし、保険も内容をよく把握した上で加入することが必要です。

・入居者が入る保険、大家が入る保険

賃貸住宅を借りる時、入居者は火災保険への加入が前提条件になっているのが普通です。その時の保険内容は、貸主（オーナー）に対する賠償責任保険です。つまり、火災などによって起きた被害のうち、オーナーに対する原状回復費はカバーされますが、隣家にも被害が及んだときはカバーされません。そのため、物件全体を対象とする保険にはオーナーが加入しなければならないのです。同じように、隣の家から出火して、自分の物件に燃え移った場合も、オーナー側の火災保険でカバーすることになります。

また、「老朽化した配管から水漏れした」「蛇口が古くて継ぎ目から水漏れした」といった場合も、状況によってはオーナーに責任があります。したがって、これらのリスクに備えてオーナーが適切な保険に加入する必要があります。

・どんな保険に入るか

オーナーが入る保険の基本は火災保険と地震保険です。銀行から融資を受ける場合、火災保険への加入が条件になっている場合がほとんどです。現金で購入している場合、加入は任意ですが、保険料は高くはないので入っておくに越したことはないでしょう。

「アパートの外壁が倒壊し、通行人にケガを負わせた」など、オーナー

の安全管理の不備が原因で他人に損害を与えてしまったケースは「施設賠償責任保険」でカバーする必要があります。

余裕があれば「家賃担保特約」「漏水担保特約」など他の特約への加入も検討します。

オーナーが入る物件

- **火災保険、地震保険（車の車両保険に該当）＝物件を守る保険**
- **施設賠償責任保険（車の自賠責保険に該当）＝第三者への賠償をカバーする保険**

あると便利な特約

- **家賃担保特約＝火災保険による逸失家賃をカバーする保険**
- **漏水担保特約＝水漏れによる被害をカバーする保険**

・火災保険の加入の仕方は？

火災保険の保険料は構造別の価格設定になっています。つまり、コンクリート造＜鉄骨造＜木造の順で、燃えやすい構造ほど保険料が高くなります。

契約保険金額の基準には、「新価」と「時価」があります。「新価」は建物を再建築する際に必要となるコストによって算出され、「時価」は新価から建物の経年劣化を割り引いて算出します。これらの価格は保険会社の評価で決まり、購入価格とは関係ありません。購入価格のなるべく多くを保険でカバーしようとするなら、新価契約で加入する必要があります。

・地震保険の加入の仕方は？

地震保険は火災保険の契約額の50％まで加入できます（金額上限は5000万円）。こちらも購入価格とは関係ありません。例えば1000万円で買った物件で2000万円の新価契約の火災保険に入ることができたら、地震保険も1000万円で契約でき、購入価格の100％が地震保険でカバーされることになります。

火災保険も地震保険も、長期契約にすればするほど保険料は安くなります。契約期間中に解約してもペナルティーはそれほど多くはないので、ある程度長期で加入しておいたほうがお得です。

・リスクを予防することも大事

建物は年月が経てばあちこちが老朽化し、水漏れや雨漏りが起こります。オーナーに修繕する義務がありますが、そういったトラブルは突発的に起こることがほとんどです。緊急性の高いトラブルになるので、複数の会社に合い見積もりをとることもできず、修繕費用は高くつきます。保険でカバーできるとしても入居者に迷惑をかけてしまいます。そう考えると、普段から点検・修理をしっかりと行い、トラブルの予防に努めることが大切です。

ポイント5　管理会社の選び方

入居者の募集や入居者からのクレーム対応をしてくれる不動産管理会社は、不動産経営の重要なパートナーです。以下のような点に注意し、コストやサービス内容をよく吟味して選ぶことが大切です。

・管理に強い会社であること

24時間対応で、苦情専門窓口を設置しているような、**きめ細やかな管理を行っている会社を選ぶ**ようにします。管理戸数が多く、独立した管理部門を持っていれば信頼度が高いと考えられます。

・賃貸付けの強い会社であること

空室が出た場合は、管理会社が窓口となって入居者募集を行いますので、**賃貸付け（入居者募集）が強い会社を選ぶ**ようにします。見分け方としては、店舗の立地がよく、店内が客でにぎわっていること、古くから営業しており地域のネットワークを持っていること、などです。

・**相談できる、気の合う会社であること**

大家の要望をオープンに聞き入れてくれることもポイントです。鍵を持って複数の不動産会社に仲介を依頼して回る際、定期清掃やリフォーム、更新料の設定などについて、どの程度対応してもらえるか質問を投げかけてみましょう。前向きな姿勢で応えてくれるかどうかの目安になります。

ポイント6　滞納保証サービスの利用方法

家賃管理を自分で行っている不動産オーナーにとって、頭の痛い問題が滞納です。家賃の入金が滞っても毎月のローンの返済を止めてもらうわけにはいきません。

そこでぜひ利用したいのは滞納保証です。滞納保証とは、入居時に一定額の保証料金を支払えば、滞納された家賃を立て替えてくれて、入居者への督促を行ってくれるというものです。管理会社に支払う管理費内に滞納保証が組み込まれているケースもありますが、そうでない場合は、滞納保証の専門会社を個別に利用します。**月額家賃の30～50%を最初に支払えば、2年間の滞納保証を提供**してくれます（保証料は、入居者負担）。

サービス内容によっては、夜逃げなどがあった場合の残置物処理費用、家賃滞納時に起こる訴訟の費用を負担してくれる場合もあります。これらの滞納保証に入ってしまえば家賃滞納の心配はほとんどなくなります。

ポイント7　納税と節税に対する考え方

税金面では、**「納税」と「節税」を戦略的に使い分ける**ことが大切になります。

攻めの時期は「納税」です。銀行は納税額が少ない人や赤字申告をしている人、脱税している人にはお金を貸してくれません。納税額が多ければ多いほどお金を貸してくれます。100万円の税金をケチったばかりに１億円の融資が得られなくなることもあります。１億円の自己資金を用意する大変さを考えたら、100万円くらいの税金は惜しまず払ったほうがよほどお得です。納税を惜しんでいては不動産投資を拡大していくことはできません。

　ある程度の物件を手に入れて、家賃収入もたくさん入るようになり、これ以上物件を買う必要はないという段階になったら、今度は「節税」に切り替えます。法人を設立したり、「減価償却費」や「消費税還付」といった節税テクニックを利用するのがよいでしょう。

・確定申告は青色で

　不動産オーナーになったら必ずしなければならないのが確定申告です。確定申告には「白色申告」「青色申告」があり、「青色申告」は、さらに特別控除額が10万円コースと65万円コースがあります。青色申告は損益計算書の提出が必要となっており、青色65万円コースなら貸借対照表も作成する必要があります。10万円か65万円かは控除額の違いです。どちらでも結構ですので、**銀行に対する信用力が高まる青色申告にチャレンジ**してみましょう。記帳が面倒な方は、月々数万円払っても税理士に頼みましょう。

　青色申告をするには、前もって自分の住んでいる地域の税務署に開業届を提出する必要があります。最初は白色で始めて、翌年開業届を出して青色に変更することもできます。

・規模が大きくなったら専従者給与を利用する

　節税のテクニックの一つです。保有している不動産が「事業的規模」に達した場合、「専従者」を雇うことができるようになります。事業的規模は「５棟10室」（１棟ものの物件を５棟か、区分所有を10室持っていること。10世帯アパート１棟でも可。）が基準です。この規模になると「専従者」を雇い、給与を支払うことが認められます。例えば、**自**

分の家族を専従者にして専従者給与を支払えば、自分の所得額を抑えられ、節税になります。

・もっと大きくなったら法人に

物件をどんどん買っていき、さらなる節税方法として資産管理会社（プチカンパニー）を設立します。家賃収入を設立した会社の収入にして、自分はその法人から給料をもらうというかたちで、法人と個人に所得を分散させるのです。法人化の目安としては、収入が1000万円を超える程度です。税理士と協力しつつ最適な方法を探していくことになります。

・支払った消費税を取り戻す「消費税還付」

不動産を取得した時、売主に対して、建物部分について消費税を払うことになります。この額は数十万～数百万円にもなります。これを取り戻す裏技として「消費税還付」があります。

本来、居住用の物件だけで経営している不動産オーナーは、税務署に消費税を納めなくてもいい「非課税事業者」ですが、あえて「課税事業者」になります。そうすると、不動産取得時に払った消費税と、税務署に納めるべき消費税で差額が生じ、その差額を還付してもらえるというものです。消費税還付の考え方は非常に専門的で、還付申請のタイミングも重要になってきますので、税理士と相談して進める必要があります。

・税理士の選び方

税金に関する重要なパートナーである税理士。普段あまり身近な存在ではないだけに、どうやって選べばよいか難しいところです。知人に紹介してもらう、電話帳で探すなど、探し方はいろいろありますが、価格体系や雰囲気を摑むことができるので、インターネットを活用するのがお勧めです。税理士にも得意・不得意分野があるので、できれば不動産投資に強い税理士を見つけたいところです。価格体系やサービス内容も含めて、**自分にぴったりの税理士が見つかるまで、できるだけ多くの税理士に会ってから決めたほうがよい**でしょう。

ポイント８　不動産の売却に関する税金

日々の不動産経営によって得られる不動産所得は「総合課税」されます。すなわち、給与所得などと合算されて計算され、所得額に応じて税額が決まります。

一方、不動産を手放した時の差益は「分離課税」となり、給与所得や不動産所得にかかわらず一定額がかかってきます。

- **短期譲渡所得　39%（このうち９%は住民税）**
- **長期譲渡所得　20%（このうち５%は住民税）**

「短期譲渡所得」は不動産を購入してから５年以内に売却した場合にかかる税金です。正確には「取得日から、譲渡した日の属する年の１月１日現在までの所有期間」が５年以内である必要があります。

５年以内に売ってしまうとかなりの税金をとられます。物件を買ったらひとまず５年は保有しておき、５年経ったら売るかどうか考えるというのが、一つの目安と言えます。

譲渡所得は、「譲渡収入」から「取得費」と「譲渡費用」を引いて計算されます。取得費の中には土地や建物の金額のほか、購入時に払った仲介手数料や不動産取得税なども含まれます。建物の金額からは、保有している期間に計上した減価償却費を差し引かなければなりません。つまり、2000万円の物件を同額の2000万円で売却しても、税金はかかってくることになります。

売却時の税金の計算も非常に難しいので、税理士に相談したほうがよいでしょう。

ポイント9　不動産の賃貸に関する税金

不動産を賃貸している間にかかる税金としては、前述した所得税、住民税、固定資産税、都市計画税のほかに、個人事業税、消費税があります。

まずは個人事業税。不動産における事業的規模（5棟10室）については前述しましたが、この規模に達すると「不動産貸付業」を営んでいるとみなされ、個人事業税（5％）を支払う必要が出てきます。税額は不動産事業の所得金額から290万円を超える部分に対してかかってきます。

「消費税」は事業規模が小さいうちは、払うのではなくもらう側です。居住用の物件を貸している場合、入居者が払う家賃は非課税ですが、事務所や倉庫、店舗などを貸している場合は、入居者は家賃に消費税5％を加えて支払う必要があります。

しかし、課税売上が1000円を超えるようになると、今度は入居者から預かった消費税を税務署に納める必要が生じてきます。

ポイント10　不動産の相続に関する税金

相続税対策として、不動産の利用も考えられます。不動産投資による相続税の節税とはどのようなものでしょうか。

「相続税」は、人が亡くなった時に、その財産を譲り受けた人が支払う税金です。ただ、相続税には多額の基礎控除があり、ほとんどの人が相続税はかかりません。基礎控除額は「5000万円＋ 1000万円×法定相続人の数」です。例えば、法定相続人が2人なら、基礎控除額は7000万円となり、相続する遺産がこれ以下の場合は無税となります。基礎控除を超える場合には、相続税を払う必要が出てきます。

※基礎控除は2015年1月1日から6割に限額予定。

・不動産投資用の物件は相続税がお得

相続するものが不動産の場合、相続税の額は「相続税評価額」をもとに決められます。「相続税評価額」を計算する際、その物件を賃貸用途に使用している場合は、自宅用に使用している場合よりも大幅に減額して計算されることになっています。そのため、現金や自宅で相続するよりも、収益物件で相続するほうが節税効果が高くなるというわけです。

この仕組みを利用すると、例えば、土地を更地で持っている地主さんなら、そこにアパートを建てることで、相続税を節税できることになります。

・贈与する際に利用したい「相続時精算課税制度」

生前に贈与したい場合なら、「相続時精算課税制度」を活用する方法があります。相続時精算課税制度とは、一定条件のもとで、生前贈与が2500万円まで非課税になる制度です。通常の贈与では最大で50%の贈与税がかかりますが、この制度を使えばこれが無税になります。

ただし、その後相続が発生したら、精算課税で贈与した財産と相続財産を合算して相続税額を計算します。そのため、相続税がかかる場合は逆にデメリットになります。相続税がかからない人にとっては、活用するメリットはあります。

相続も贈与も、税額の計算は非常に難解ですので、税理士に相談することをお勧めします。

第８章のまとめ

◎不動産を一つでも所有するようになったら、必要になってくるのが確定申告。毎年３月の確定申告に備えて、日々の入出金について帳簿管理をする。

◎面倒な入居者フォローは管理会社に任せてしまおう。

◎滞納保証は必ず利用する。

◎オーナーが入る保険の基本は、火災保険と地震保険。

◎管理会社は、きめ細やかな管理を行っている会社、賃貸付け（入居者募集）が強い会社、相談できる気の合う会社などを選ぶようにする。

◎「納税」と「節税」を戦略的に使い分ける。

◎銀行に対する信用力が高まる青色申告にチャレンジしよう。

◎自分の家族を青色専従者にして青色専従者給与を支払えば、自分の所得額を抑えられ、節税できる。

◎税理士は、税金に関する重要なパートナー。インターネットなどを使って、自分にぴったりの税理士が見つかるまで、できるだけ多くの税理士に会ってから決める。

不動産投資の
素朴な疑問Q＆A

巻末付録　不動産投資の素朴な疑問Q＆A

Q 1.　どんな人が不動産投資に向いているの？　やめたほうがいいのはどんな人？

A 1.　短期間で手っ取り早く稼ぎたい人、勉強が嫌いな人などは向いていません。

不動産投資に向いているのは、

- **本業が忙しくて副業にあまり時間を費やしたくない人**
- **私設年金をつくりたい人**
- **コツコツと地道に稼ぎたい人**
- **自分で工夫するのが好きな人**
- **目標が明確な人**

などです。

不動産投資は長期的な視野で投資計画を立て、コツコツと収益を上げていく投資手段です。また、読書したりセミナーを受講して幅広い知識を身に付けたり、ニュースをチェックして市場や社会情勢を把握するよう努めることが大切です。

短期間で手っ取り早く稼ぎたい人、勉強をするのが好きではない人、社会情勢に関心がない人は向いていません。

Q 2.　不動産投資をするためにはどんな知識が必要ですか？

A 2.　不動産に関する基本的な知識、情報収集をするためにインターネットのスキルなどが必要です。

この本の流れに沿って言えば、不動産のリスク、各種指標と計算方法、土地と建物、融資、リフォーム、税金、法律、物件管理などの知識が必要になります。情報収集をするためにインターネットのスキルも必要になります。非常に広範囲になりますが、もちろん最初から全て覚えなければならないわけではありません。まずは大まかな流れを把握してから、取引の場面場面に応じて必要な部分を読み返しつつ、少しずつ知識を身に付けていけばいいのではないでしょうか。

スクールやセミナーに参加するなどしてさらに詳しい情報を収集したり、不動産投資仲間をつくって教え合うなども大変有効です。「習うより慣れよ」という言葉もあります。まずは第一歩の「物件探し」から始め、走りながら勉強してみてはいかがでしょうか。

Q 3.　頭金ゼロだと無理ですか？　頭金はいくらあればいい？

A 3.　フルローン（頭金ゼロ）やオーバーローンでの購入も可能。頭金は、本人のリスク許容度によっても変わります。

収益評価・積算評価で見て評価の高い物件であったり、融資を受けようとする人の属性が高い場合には、フルローン（頭金ゼロ）やオーバーローンでの購入も可能になります。物件の評価や本人の属性によっては、希望の全額融資が下りず、頭金を多めに入れなくてはならなくなってきます。どれくらいの頭金が必要になるかは評価の内容によって異なります。お買い得な物件やお宝物件を見つけ出すこと、属性評価を上げることが、より多くの融資を引き出す秘訣です。

頭金に関しては、本人のリスク許容度によっても変わってきます。リスクをあまり取りたくない人は頭金を多く出すことを考えましょう。

Q 4.　良い物件の条件って？

A 4.「収益力」「担保力」「稼働力（立地）」の三つで判断できます。

その人がどのような戦略をとるかによって変わってきますが、基本的には「収益力」「担保力」「稼働力（立地）」の各指標で見て、いずれも高い評価が得られる物件が、良い物件と言えるのではないでしょうか。

- **収益力の指標……購入価格（または自己資金）に対してどれくらいの収益が見込めるか**
- **担保力の指標……土地と建物を処分した際にどのくらいの金額を回収できるか**

・立地の指標………需要の高いエリアか。需要の高い間取りか

Q 5. 良い物件を見極める目って必要ですか？

A 5. たくさん勉強し、多くの経験を重ね、良い物件を見極める目を身に付けた人が、良い条件の物件を手に入れられます。

より高い収益を得るためには必要です。不動産投資マーケットには、プロの不動産会社はもちろん、昨今のブームにより多くの投資家が参入しており、良い物件は取り合いになっています。

その一方で良い物件を見極める目（＝知識や経験）がなければ、ババを掴むことになります。

不動産会社やコンサルティング会社など行っている物件の斡旋サービスを利用する手もあります。お金さえ出せばそれなりの物件を買えることになりますが、本当に儲かるかどうかは疑問です。彼らに払う報酬もタダではありません。肝心の物件が優良かどうかは、買う本人が見極める目を持っていなければ判断できません。業者のカモにされる可能性もあるのです。

たくさん勉強し、多くの経験を重ね、良い物件を見極める目を身に付けた人が、良い条件の物件を手に入れられるようになっていきます。

Q 6. 新築と中古ではどっちが得なの？

A 6. 不動産投資の初心者は、まず中古を考えたほうがいいかもしれません。

物件を買う人の相性によりますが、中古物件を買う投資家のほうが多いかもしれません。中古は取得単価が新築に比べて相対的に低い（割安な）なため、利回りが高くなります。減価償却の面でも、中古のほうが毎年の減価償却費を高く設定でき、キャッシュフローに良い影響を及ぼします。

新築物件というのは、誰かが登記をしたその瞬間に価値が数割下がっ

て中古物件になります。買ってすぐに同じ価格で売ろうと思っても売れません。新築というプレミアムがついているからです。また、価格に広告費や営業マンの人件費なども含まれています。ただ、新築にもメリットはあります。

- **法定耐用年数が長いため、長期間の融資が組みやすい**
- **取得から数年は高い家賃を設定できる一方で、維持費はほとんどかからない。**
- **最新設備を取り付けられる。**
- **自分で建築する場合は自由にデザインできる。**

などです。いくつかのメリットはありますが、やはり価格が高いので、不動産投資の初心者はまず中古を考えたほうがいいかもしれません。

Q 7. 満室にならなかったらどうするの？

A 7. 複数物件を所有することで、空室リスクを分散させられます。

不動産オーナーが一番心配するのが「空室」です。不動産投資をする以上、空室は避けては通れないリスクです。そもそも需要の高いエリアの優良物件を買うのが大前提ではありますが、それ以外にも空室リスクに対処する方法はあります。

- **リフォームや設備を充実させバリューアップを図る**
- **賃貸付けを工夫する（募集広告の見直し、仲介会社の変更など）**
- **家賃を下げる**
- **空室保証（サブリース）を付ける**

また、１物件だけを所有している場合、その部屋が空室になったら空室率100％です。複数の物件を所有していれば、１物件に空室が出ても空室率は100％になりません。複数物件を所有することで、リスクを分散させることができます。

Q 8.　家賃の未納が出たら？

A 8.　はじめから滞納保証を付けておきましょう。

管理会社に管理を委託している場合、家賃の集金や督促もその管理業務に含まれているケースが一般的なので、未納があった場合も管理会社が対応します。自主管理をしている場合は、督促も自分でしなければなりません。電話や手紙で催促し、それでもダメなら内容証明など法的手段に訴えることになります。いずれにしても時間はかかるので、**最初から滞納保証を付けておくのが得策**です。普段から入居者とコミュニケーションをとるようにすると、入居者の対応も違ってくるかもしれません。

具体的な家賃督促の仕方に関しては、第８章で解説しましたので参考にしてください。

Q 9.　物件価格が値下がりしたら？　家賃が値下がりしたらどうする？

A 9.　家賃収入が目的なら気にする必要はない。家賃の下落は、バリューアップを行うことで抑えることもできます。

都心の人気エリアで競争力の高い物件の価格が上昇を続ける一方で、郊外の新築マンションの売れ行きがにぶっており、物件の選別がより重要になっています。不幸にして自分の買った物件が値下がりした場合でも、家賃収入を目的に購入していれば、気にする必要はありません。ただ、家賃の下落を伴う急激な値下がりには「いったん損切りする」といった方法をとることになります。いずれにしても中長期的なシミュレーションをした上で、損失を最小限に抑えられる方法を選択する必要があります。

家賃に関しては、物件価格の下落と家賃の下落がすぐに連動するわけではないので、心配しすぎる必要はないかもしれません（第２章「5. 値下がりリスク」参照）。日々の管理をきちんと行う、リフォームや新しい設備を入れてバリューアップを行うなどで下落を抑えることはできます。

Q 10.　インフレになって金利がどんどん上がったら？

A 10.　毎月の返済額が家賃収入を下回っている状態なら問題はありません。

インフレになって物の値段が上がっていく局面では、一般的に不動産の価格も値上がりします。不動産はインフレに強い資産と言えます。ただし、融資を受けて不動産を買っている場合はそう楽観視はしていられません。

インフレで金利が上がった場合、毎月の返済額が増えてしまい、借入金が多い人にとっては大きなダメージになるからです。毎月の返済額が家賃収入を下回っている状態なら問題ありませんが、金利の状況によっては赤字になることもあり得ます。金利上昇リスクを防ぐためには、

- **金利変動を見込んだ収支計画を立てる**
- **なるべく長期間の固定金利で借りる**
- **元金均等返済で借りる**

などの方法があります。具体的には、第２章「４．金利上昇リスク」、第５章「５．金利についての考え方」を参照してください。

Q 11.　元金の繰り上げ返済はしたほうがいい？

A 11.　繰り上げ返済をする資金があるのなら、それを他の物件への投資資金に充てたほうが効率がいいでしょう。

住宅ローンで買ったマイホームにおいて、繰り上げ返済することは総返済額を減らすための基本的な手段です。しかし収益物件の場合、それはあまり賢い方法とは言えないようです。繰り上げ返済をする資金があるのであれば、それを他の物件（あるいは他の運用手段）への投資資金に充てたほうがいいと考えられるからです。

また、金融機関の心証を悪くするおそれもあります。繰り上げ返済による利息軽減効果と、他の物件へ投資したときの効果を見極めて、メ

リットのある方法を選びましょう。

Q 12.　地震や火事で物件が損壊・全壊したらどうなるの？

A 12.　火災保険に入っていても地震が原因で発生した火災は、保証されません。

火災保険に加入していれば、火災による被害は、保険加入額の範囲内で保証されます。ただし、地震が原因で発生した火災は保証されません。したがって、火災保険だけでなく地震保険にも加入しておく必要があるでしょう。保険に加入していれば、全壊の場合には保険金額の全額、半壊の場合には保険金額の半分と、被害状況に合わせて保険金が入ってきます。

Q 13.　不動産業界にまったく知り合いがいなくても始められますか？

A 13.　セミナーに参加するなどして、不動産投資の仲間を増やすのがお勧めです。

知り合いがいれば心強いかもしれませんが、いないからといって、不動産投資ができないわけではありません。実際に取引をしていくなかで、不動産会社、管理会社、リフォーム会社、税理士などの信頼できるパートナーを見つけていけばいいのではないでしょうか。

専門家のパートナーとは別に、ネットワークを築くことは重要です。不動産投資の話を気軽にできる仲間が周囲にいれば、日頃の悩みや疑問を相談し合うことができます。セミナーに積極的に参加するなどして、不動産投資仲間を少しずつ増やしていってください。

Q 14.　信頼できる管理会社って、どうやって探すの？

A 14.　実際にいくつかの会社を回り、自分の目で確かめましょう。

不動産管理会社は不動産投資において大事なビジネスパートナーで

す。いかに優秀な管理会社を見つけられるかが重要になってきます。信頼できる管理会社を見つけるには、実際にいくつかの会社を回ってみることが大切でしょう。その際、管理手数料などの条件を聞くのと一緒に、いろいろな質問を投げかけます。質問に対する答えだけではなく、会社の雰囲気や対応も観察してみましょう。前向きな姿勢で応えてくれるかどうかが判断の目安になります（第８章「ポイント５」参照)。

マンションやアパートの他の部屋に住んでいる入居者に直接質問してみるという方法もあります。「ここで部屋を借りようと思っているんですが、管理会社はどうですか？」などと聞けば、教えてくれるかもしれません。

Q 15.　管理って管理会社任せで本当に大丈夫なの？

A 15.　信頼できる管理会社であれば問題はありません。

信頼できる管理会社であれば、任せっきりにしておいて問題ありません。ただ、なかには管理が行き届いていない管理会社もあることは事実です。時々管理状態をチェックし、不備があれば指摘する必要があります。最悪の場合は管理会社を変更することも検討しましょう。

Q 16.　物件ってすぐには売却できないと聞いたけど？

A 16.　売買契約、決済・引き渡しまで最低でも２～３カ月はかかると考えましょう。

物件を売ろうと思ってもすぐには売れない「流動性リスク」があるのが不動産のデメリットです（第２章「６．流動性リスク」参照)。仲介会社に売却を依頼してから、売買契約、決済・引き渡しまで最低でも２～３カ月はかかります。人気の高い物件なら買い手もすぐに見つかりますが、人気の低い物件であったり、価格設定を高めにした場合には、１年間買い手がつかないという可能性もあります。急いで売ろうと思ったら値下げに応じなければなりません。

不動産投資をするには、この「流動性リスク」をきちんと理解しておく必要があるでしょう。最後に物件を売却して投資をクローズしようと思ったら、安く買いたたかれないよう、期間に余裕を持って買い手を探す必要があります。

Q 17.　物件内で犯罪が起こって大騒ぎになったら？

A 17.　短期的には入居者離れなどが予想されます。

住人による犯罪や自殺といった「人的リスク」も不動産投資のリスクのうちの一つです。起こってしまったら短期的には入居者離れの原因になります。リスクをカバーする一つの方法としては、保険があります。自殺や他殺が起こったケースを対象とした保険があるので、検討してみるといいかもしれません。空室保証も付けておけば空室が長引いても安心です。

ただし、これらを利用すると手数料が高く付きます。最初から犯罪や自殺を予防する手段を講じておくべきでしょう。予防策としては、購入物件を分散させる、優秀な管理会社を選ぶ、犯罪発生率の低いエリアで物件を買う、家賃が高めの物件を保有する、セキュリティ設備を導入する、入居者を選定する際に注意する、などがあります（第２章「８．住人のトラブル、犯罪などの人的リスク」参照）。

Q 18.　海外の物件でも不動産投資はできるのですか？

A 18.　海外の不動産を対象に投資している人も増えています。

不動産取引が活発なアメリカやオーストラリア、あるいは成長著しい中国やタイなど、海外の不動産を対象に投資している人も増えています。国によって異なりますが、海外不動産投資において一般的に考えられるメリット・デメリットを以下に挙げてみました。

日本で投資する以上に知識や事前準備が重要になってくるのは言うまでもありません。また、不動産代理店など信頼できるパートナーの存在も欠かせません。十分な情報収集をした上でチャレンジしてみてはいかがでしょうか。

【メリット】

・日本にはない条件の物件に投資できる（需要、価格、人口動態）

・海外に持つことでリスクが分散される

・高い利回りやキャピタルゲインが期待できる

・税制メリットがある場合がある

【デメリット】

・物件をすぐに見に行けない

・法律や慣習などに違いがある

・日本に比べ金利が高い国が多い

・語学力が必要。ない場合は代理店などを利用する必要がある

・為替リスクなど日本にはないリスクが発生する

あとがき

あなたがサラリーマンであっても、自営業や士業、あるいは会社経営者であっても、収入を増やそうと考えたときに、早かれ遅かれ、壁にぶつかるときが来ることでしょう。

どんな人でも、1日24時間しか持てる時間はありません。この24時間の壁の前に、限界を感じてしまうのです。1日24時間しかない中で、どうやって自分の時間を確保しつつ、収入を増やすことができるのだろうか……。

普通であれば実現できないことに挑戦しようとするとき、それがあなたにとって、人生を変えるべきタイミングなのだと思います。

家賃収入を作るのは、最初は大変です。

ほとんどの人は、どこから手をつけて良いのか途方にくれてしまうことでしょう。運良く、不動産を手に入れることができても、それを維持するために、自分の時間と労力をかけてしまい、会社で働くのと同じように、不動産のために一生懸命働いてしまっている、ということもあるかもしれません。

しかし、不安ばかり抱いていても、何も始まりません。

まずはとにかく、何かを真似することから始めましょう。自分の周りにすでに家賃収入を得ている人がいれば、その人の真似をするのも一つです。

本書の内容を実践してみるのも、もちろんお勧めです。とにかく何かの真似をしてでも、まずは1つ、家賃収入の流れを作ってしまいましょう。1つ出来てしまえば、それを2つ、3つと増やしていくことはずいぶんと簡単に感じてくると思います。成功している人の真似をすることで、スピードは加速していきます。

最初は真似に過ぎないことであっても、それを繰り返していくうちに、次第に「自分流のやり方」のようなものが生まれてきます。

「自分流のやり方」を追究していくことによって、自分オリジナルの投資方法が確立していくことでしょう。

そのとき、気がつけばサラリーマンの給与収入を上回る家賃収入を得ているのではないでしょうか。そうなってしまえばあなたは、空いた時間を家族と過ごす時間や、自分の趣味の時間、自分のスキルアップのための時間など、より創造的なことのために費やすことができるようになるでしょう。

家賃収入を得ている人の大きな特徴の一つとして、自由な時間を持っていることが上げられます。

私自身、５つの会社を経営するという多忙を極める立場でありながら、毎月海外に出張し、世界中の事業家を応援するボランティア活動を行っています。

このような自由な時間を得られるようになったのも、最初は不動産を１つ購入し、家賃収入の流れを１つ作ったところから始まりました。

そうして１つ、また１つと購入を続けていくことにより、18棟、総額約20億円に上る不動産を購入するに至ったのです。

これらの不動産がもたらしてくれる家賃収入は、私の労働時間とはまったく無関係に、毎月ほぼ一定の金額が振り込まれています。

このような安定収入があるからこそ、事業でも思い切ったリスクを取ることができ、さらなる成長を実現することができました。

また、自由な時間を使って各界の著名人にお会いしたり、スポーツジムに通って健康維持に努めたり、語学学習や経営者向けビジネススクールの受講など、スキルアップに努めることもできるようになりました。

家賃収入のもたらしてくれる自由な時間によって、自分自身が成長し、それによって生み出される新たな人脈、出会いがもたらしてくれる経験は、あなたの人生にとってかけがえのない資産となるでしょう。

この本を読んでいただいたあなたが、家賃収入の素晴らしさを知っていただくとともに、自分の夢や目標を達成するための一助としていただければ、こんなに嬉しいことはありません。

ファイナンシャルアカデミー　泉　正人

[編著者]

ファイナンシャルアカデミー

個人がより豊かに生活するために必要な「お金の教養」が学べる総合マネースクール。
東京・大阪・ニューヨーク校および通信・WEB受講を通じ、2002年の創立から延べ38万人に、お金の貯め方、使い方といった身近な生活のお金から、会計、経済などの学問的視点、株式投資や不動産投資などの資産運用まで、独自のカリキュラムで体系的な学びを提供する。
経済・金融・教育・法務の各有識者で構成されるアドバイザリーボードメンバーの指導のもと、夢のある豊かな将来と自立心を創りあげるための独自カリキュラムを創造し、中立的な学校運営を行う。
ファイナンシャルアカデミーHP　http://www.f-academy.jp/

[著者]

泉　正人（いずみ・まさと）

ファイナンシャルアカデミーグループ代表。一般社団法人金融学習協会理事長。日本初の商標登録サイトを立ち上げた後、自らの経験から金融経済教育の必要性を感じ、2002年にファイナンシャルアカデミーを創立、代表に就任。身近な生活のお金から、会計、経済、資産運用に至るまで、独自の体系的なカリキュラムを構築。東京・大阪・ニューヨークの3つの学校運営を行い「お金の教養」を伝えることを通じ、より多くの人に真に豊かでゆとりのある人生を送ってもらうための金融経済教育の定着を目指している。『お金の教養』（大和書房）、『仕組み仕事術』（ディスカヴァー21）など著書は30冊累計130万部を超え、韓国、台湾、中国で翻訳版も発売されている。
ファイナンシャルアカデミーグループHP　http://fagroup.jp/

束田　光陽（つかだ・こうよう）

ファイナンシャルアカデミー　「不動産投資の学校」講師
1976年、京都府生まれ。慶応大学法学部卒。大学在学中より株式投資を開始し、川崎市にある化学メーカーに就職後、ネットバブルを経験。投資の面白さと、難しさを知る。2002年、「本物のファイナンシャル教育の提供」を理念とする日本ファイナンシャルアカデミー株式会社との出会いから、本腰を入れて投資・資産運用を学ぶことを決意。サラリーマンとして勤務するかたわら、2003年から不動産投資を開始。24世帯の不動産を保有し、合計年間家賃収入は約2000万円となっている。現在、不動産投資を分かりやすく学べる「不動産投資の学校」講師として活躍中。

知識ゼロでも大丈夫！ 基礎から応用までを体系的に学べる！

不動産投資の学校［入門編］

2008年 7 月31日　第 1 刷発行
2016年 4 月 5 日　第17刷発行

編著者 ――― ファイナンシャルアカデミー
発行所 ――― ダイヤモンド社
〒150-8409　東京都渋谷区神宮前 6-12-17
http://www.diamond.co.jp/
電話／03･5778･7236（編集）03･5778･7240（販売）
装丁――――重原隆
本文デザイン･DTP―新沼寛子（TYPE FACE）
製作進行―――ダイヤモンド・グラフィック社
印刷・製本――ベクトル印刷
編集担当―――髙野倉俊勝

ISBN 978-4-478-00290-2